校园行为安全管理探究

王 伟　贾红果　徐方全　著

北 京
冶 金 工 业 出 版 社
2023

内 容 提 要

本书围绕高校学生的行为安全问题，运用系统科学、管理科学、行为科学理论及其方法，结合安全科学理论建立大学生不安全行为防控系统模型并进行仿真实验，明确了大学生不安全行为形成和发展机理，阐明了大学生不安全行为防控最佳路径，并针对高校学生群体提出了系列不安全行为控制方法。

本书可供高等院校安全管理人员以及政府主管部门、行业管理部门有关人员阅读，也可作为高校安全、教育、社会学、管理学等相关专业的教学参考书。

图书在版编目(CIP)数据

校园行为安全管理探究／王伟，贾红果，徐方全著．—北京：冶金工业出版社，2021.1（2023.1 重印）

ISBN 978-7-5024-8582-5

Ⅰ.①校… Ⅱ.①王… ②贾… ③徐… Ⅲ.①高等学校—学校管理—安全管理—研究—中国 Ⅳ.①G647.4

中国版本图书馆 CIP 数据核字(2020)第 170001 号

校园行为安全管理探究

出版发行	冶金工业出版社	**电　　话**	(010)64027926
地　　址	北京市东城区嵩祝院北巷 39 号	**邮　　编**	100009
网　　址	www.mip1953.com	**电子信箱**	service@mip1953.com

责任编辑　杨　敏　美术编辑　彭子赫　版式设计　孙跃红
责任校对　郭惠兰　责任印制　禹　蕊

北京虎彩文化传播有限公司印刷

2021 年 1 月第 1 版，2023 年 1 月第 2 次印刷

710mm×1000mm　1/16；6.75 印张；86 千字；98 页

定价 39.00 元

投稿电话　(010)64027932　投稿信箱　tougao@cnmip.com.cn

营销中心电话　(010)64044283

冶金工业出版社天猫旗舰店　yjgycbs.tmall.com

(本书如有印装质量问题，本社营销中心负责退换)

前　言

高校校园安全是高校教育管理研究的重要组成部分，建立学生安全问题的有效防控机制，是新形势下高校落实党的十八大以来中共中央、国务院关于创新立体化社会治安防控体系建设战略部署，加强高校安全防控网建设的必要前提。

随着网络技术和移动设备的快速发展与普及，众多学生利用校园局域网和校园 Wi-Fi，通过手机和其他各种移动电子设备上网，在校园网络服务器上产生并存储了大量浏览信息、留言数据、通信数据和上网日志等海量数据，由于数据量日积月累，数据类型丰富多样，有文本、声音、图像、视频、社交网络等，因此这些数据可归为大数据的范畴。这些数据中可能隐藏着关于学生学习、日常行为、思想动态等趋势和规律。随着大数据挖掘技术的发展进步，大数据技术已经成为进行有效信息获取和分析的重要方式，可以应用到高校校园安全管理工作中。

大学生不安全行为的防控是预防高校安全事故的关键，把握这个关键需要借鉴和利用系统科学、管理科学、行为科学理论及其方法。系统动力学是解决复杂系统问题的定性与定量分析相结合的方法，适用于大学生不安全行为防控研究，可以依据其建模方法和步骤建立大学生不安全行为防控系统模型并进行仿真实验，研究大学生不安全行为形成和发展机理，探寻大学生不安全行为防控最佳路径。

本书利用大数据技术等前沿智能信息处理技术，分析校园网络上产生的海量数据，结合存储在学校各部门计算机中的学生基本信息等历史数据，着重对高校校园中学生的行为和心理、校园内饮食和公共安全等安全问题进行关联预测分析、分类预测和异常数据分析，对可能出现的由学生不安全行为引发的安全问题进行预警，实现对校园安全问题的可控管理，更好地保证学校的教育教学质量，提高学生培养质量。

由于作者水平有限，加之时间仓促，书中不足之处，希望专家、读者批评指正。

作　者

2020年8月

目　　录

第一章 绪 论

第一节 校园行为安全管理的背景及意义

一、校园行为安全管理的背景

安全是人类生存、生产、生活和发展过程中永恒的主题。长期以来，不少人认为高校是相对安全稳定的世外桃源，安全教育问题远不如生产经营单位那样重要，所以，在校大学生的安全教育工作往往被忽视。随着我国高等教育事业大力发展，高校不断扩招，大学生人数逐年增多，高校学生安全事故频发。大学生是受社会高度关注的群体，根据教育部发布的《中国高等教育质量报告》，2018 年我国各类高校数量为 2852 所，在校大学生人数已达 3700 万人，位居世界第一。高校的安全管理形势严峻，高校应对校园安全事故的责任和压力持续增大。甚至在高度发达的互联网环境下，高校安全事故还会直接引发比安全事故本身更为严重的网络舆情，进而诱导潜在的公共安全事件发生。

高校校园安全是高校教育管理研究的重要组成部分，建立学生安全问题的有效防控机制，是新形势下高校落实党的十八大以来中共中央、国务院关于创新立体化社会治安防控体系建设战略部署，加强高校安全防控网建设的必要前提。

传统校园安全教育更多是确保学生个人生命财产安全的教育。多数高校在对大学生进行入学教育时，没有把安全教育作为重点，缺少必须的、基本的心理素质培养与知识技能训练，致使许多学生的安全意识淡薄、自我保护意识和能力不足。但今天，整个社会应树立“大安全观”，把校园安全教育放在国民教育层面对待。

张政文认为，传统的校园安全教育更多是课堂之外的一种辅助性的生活教育，但它应当是一种具有系统知识性与社会性的国民教育。校园安全教育不仅要保障学生的健康、生命不受意外伤害，同时它还意味着法律与社会的安全。个人要在法律保护下依法获得生存发展与安全的权利。同时，学生在成长过程中，除了掌握专业技能，更要有安全意识与责任感，不但使个人安全，更要使他人安全、社会安全。

大学生不安全行为的防控是预防学生安全事故的关键，这需要借鉴和利用系统科学、管理科学、行为科学理论及方法。系统动力学是解决复杂系统问题的定性与定量分析相结合的方法，适用于大学生不安全行为防控研究，可以依据其建模方法和步骤建立大学生不安全行为防控系统模型并进行仿真实验，研究大学生不安全行为形成和发展机理，探寻大学生不安全行为防控最佳路径。

美国著名安全工程师海因里希为阐明导致伤亡事故的各种原因及与事故间的关系，首先提出了“事故因果连锁论”。通过梳理相关研究文献可知，目前，我国有不少学者对高校安全事故发生情况的一级影响因素进行了一系列的研究，但是对大学生不安全行为防控的研究刚刚起步，相关研究成果较少。研究成果主要体现在两个方面：一是不安全行为影响因素研究，田志盾等通过对安全认知能力及安全行为的相关性分析，研究了学生安全事故的预防和控制；二是行为机理研究，宫运华等采用问卷调查的方法研究了大学生不安全行为与其影响因素之间的定量关系。

本书将校园安全事故定义为：学生在校接受教育期间，在由学校组织的校内外的各类教学与实习实践活动中，在学校负有管理责任的场所进行学习和生活中，发生的学生人身损害、财产损失等。结合校园安全事故的范畴，将大学生不安全行为定义为：大学生在校教育期间，在教学实验、实习实践、校园生活中进行的曾经引起过事故、可能引起事故或不利于控制事故后果的，提高系统风险性的人为错误。根据安全事故致因和后果，常见的校园安全事故大致可以划分为人身意外伤害事故、卫生安全事故、财产安全事故、消防安全事故、交通安全事故、国家安全和保密事故、网络与信息安全事故、心理健康安全事故、治安类安全事故与违反公序良俗事件等。

首先，在高校校园，大学生不安全行为是校园安全事故的重要直接致因，要达到预防安全事故的目的，就必须研究大学生的行为规律，研究其不安全行为产生的影响因素及发生机理。其次，通过研究校园内各类数据集成与分析方法，研究网络中的舆情信息和计算机中的学生历史数据，面向校园内学生安全问题，利用机器学习中新兴的 AI、深度学习中的神经网络技术以及经典的自然语言处理技术，找出大学生不安全行为发生的原因，实现大学生行为安全的预判预警。

二、校园行为安全管理的重要意义

为深入研究大学生不安全行为防控的重要作用和实现路径，将综合借鉴教育学、社会学、管理学、心理学、行为科学、系统科学与数据科学等多学科理论，引入系统动力学方法，综合校内与校外、显性与隐性等各类影响因素，建立大学生不安全行为防控系统动力学模型，开展系统、全面的仿真研究，为高校安全问题的整体研究提供更多的理论参考。

有效防范学生安全事故是社会各界共同关注的焦点。本书旨在积极探索发挥学科交叉优势，结合管理学和数据科学，构建大学生不安全行为防控系统模型，拓展高校思想政治教育、学生安全教育与管理的研究思路与方法。本书的研究意义主要体现在以下两个方面。

第一，通过分析安全问题相关数据中存在的规律，可提高高校安全管理水平，维护高校安全稳定，提高学生培养质量。随着社会环境复杂化，学生结构与素质水平多样化，高校校园不稳定因素逐步增加，安全防控形势严峻。利用学生信息、网络舆情和历史数据，深入剖析校园安全事故深层次原因，探究新形势下大学生安全教育与管理的策略和方法，切实保障学校正常的教学秩序和生活秩序，是非常必要和十分紧迫的。

第二，通过分析校园环境相关数据中隐含的预警知识，可防控学生不安全行为，提高学生的防范意识，提升学生的综合素质。大学生思想观念与价值取向的多元化带来其安全相关行为的多样化。通过对其不安全行为采取预防策略和控制措施，对校园安全隐患做到早发现、早预防，提升学生安全意识，培养安全应对能力，从而可以达到事故防范和降低事故损失的目的。安全素养水平是衡量人才综合素质的重要标准，学生不安全行为防控研究有助于系统地为大学生安全教育提供素材和方法，进而在一定程度上提高素质教育水平。

第二节 本书研究内容及研究框架思路

一、利用结构方程模型构建大学生不安全行为影响因素指标体系

为了给高校公共安全事故预防工作提供理论指导，减少大学生不安

全行为的发生，本书构建了大学生不安全行为影响因素指标体系，并根据该体系编制了大学生不安全行为影响因素调查问卷，利用该问卷收集到的数据建立了结构方程模型；通过对模型进行修正并分析，构建科学合理的指标体系，能够比较准确地反映各影响因素与不安全行为以及各个影响因素之间的关系，为大学生不安全行为预防预控提供对策建议。

二、利用系统动力学方法构建大学生行为安全管理仿真模型

借鉴不安全行为相关研究成果，对大学生不安全行为相关影响因素进行全面而系统的梳理，并着重分析其相互影响关系。学校处在社会大环境之中，影响大学生不安全行为的因素有直接的也有间接的，有校内的也有校外的，有主观的也有客观的，是多层次、多方面的，存在于政策导向、学校管理、社会家庭、学生自身等各个层面之中，存在于设施建设、管理教育、安全文化、服务质量等各个方面之中。本书从学生安全素质、学生群体因素、学校安全管理、学校安全文化、校园环境设施、社会因素、自然因素等七个维度展开大学生不安全行为影响因素研究，并建立起相应的大学生不安全行为影响因素指标体系。其中，学生安全素质是大学生不安全行为的内因；学校安全管理、学校安全文化、校园环境设施是学生所处的校园“小”环境，社会因素、自然因素则是学生所处的“大”环境；学校安全管理、学校安全文化、社会因素则是大学生所处的“软”环境，校园环境设施、自然因素则是大学生所处的“硬”环境。

三、研究框架思路

书中采用理论分析、现场调研、模型设计、系统动力学仿真等方法

进行研究，综合运用了统计分析法、案例研究法、实证分析法、比较研究法、因果分析法、文献法、逻辑分析法等研究方法。根据理论分析与文献研究，进行大学生不安全行为与高效公共安全事故关系统计分析；结合影响因素的分析研制调研问卷，用统计分析方法进行数据处理；用结构方程模型，建立不安全行为影响因素结构方程模型，通过验证与修正，提出初步的不安全行为控制策略；用因果关系图分析大学生群体及个体不安全行为影响因素，构建大学生群体及个体不安全行为模型，在系统因素分析的基础上，通过系统动力学仿真软件 Anylogic 建立仿真模型，并进行系统仿真；综合解释结构模型和系统动力学仿真结果，结合群体动力学、组织行为学、人因工程学和行为干预技术，参考危险预知训练等方法，研究制定大学生群体及个体不安全行为控制策略与方法。

充分利用某省高校学生安全事故统计平台和网络资源进行数据采集，汇总分析 2015~2017 年 3 年间的高校安全事故，为本书的撰写提供宝贵的第一手数据。在获取第一手资料后，首先运用多种统计分析方法进行统计分析，绘制柱状图、饼状图、折线图等，然后进行比较研究，追求统计数据的真实性、典型性和代表性。对典型事故类型案例进行因果分析、逻辑分析，以实现对特殊个案的全面充分了解，研究大学生不安全行为与各类校园安全事故的关系，以及安全意识不强、安全知识缺乏、安全技能不够、安全习惯不良等对校园安全的影响程度，力图找出案例发生的缘由，通过实证分析，具体验证大学生不安全行为是导致校园安全事故发生的重要的、直接致因。

技术路线图如图 1. 1 所示。

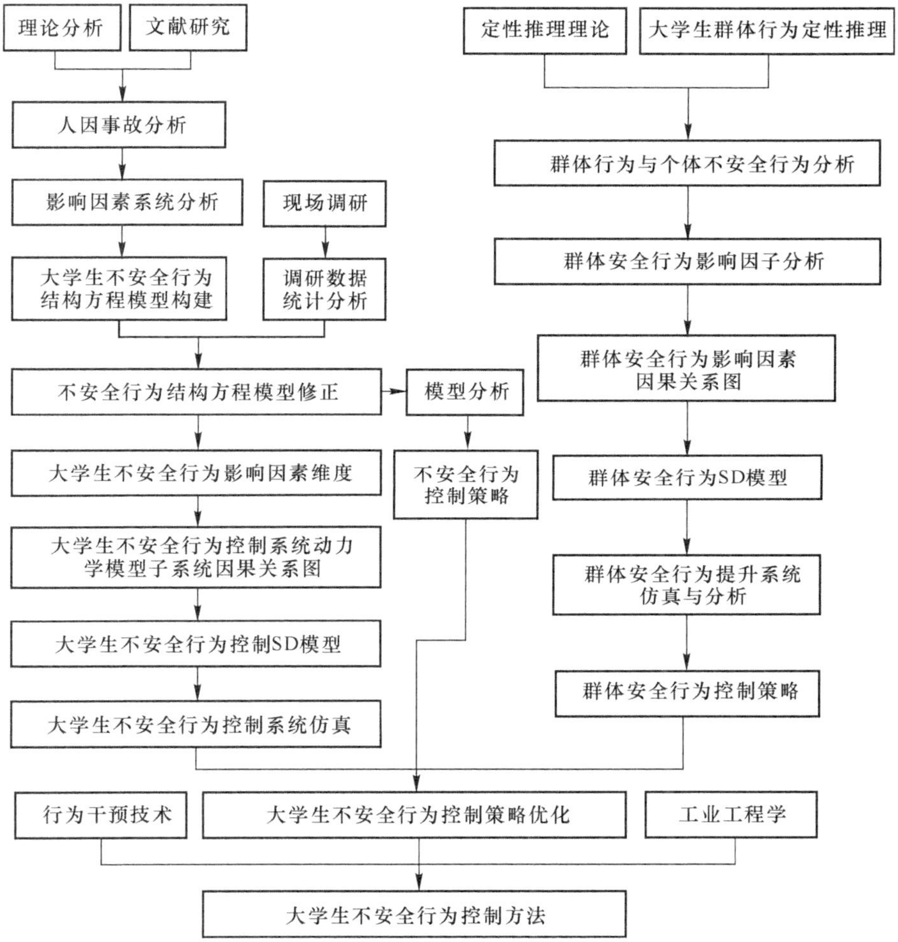
理论分析
文献研究
定性推理理论
大学生群体行为定性推理
人因事故分析
群体行为与个体不安全行为分析
影响因素系统分析
现场调研
群体安全行为影响因子分析
大学生不安全行为
结构方程模型构建
调研数据
统计分析
群体安全行为影响因素
因果关系图
不安全行为结构方程模型修正
模型分析
大学生不安全行为影响因素维度
不安全行为
控制策略
群体安全行为SD模型
大学生不安全行为控制系统动力
学模型子系统因果关系图
群体安全行为提升系统
仿真与分析
大学生不安全行为控制SD模型
群体安全行为控制策略
大学生不安全行为控制系统仿真
行为干预技术
大学生不安全行为控制策略优化
工业工程学
大学生不安全行为控制方法
图 1.1　技术路线图

第二章 大学生不安全行为与校园安全事故关系

本章通过具体案例对大学生行为规律进行分析，研究大学生不安全行为与校园安全事故之间的联系，综合运用统计分析法、案例研究法、实证分析法、比较研究法、因果分析法、文献法、逻辑分析法等多种统计分析方法，利用某省高校学生安全事故统计平台和网络资源，汇总分析 2015~2017 年 3 年间的高校安全事故数据。对典型校园安全事故进行实证分析。结果表明，大学生不安全行为是导致校园安全事故发生的重要的直接致因。

通过前期对相关论文文献梳理研究分析可知，我国对大学生不安全行为防控的研究刚刚起步，相关研究成果较少。目前，对大学生不安全行为内涵界定、分类与特性、与校园事故的关系研究还鲜有涉及，系统地分析大学生不安全行为的影响因素、探寻其关键影响因子和防控关键路径的研究尚未发现。有统计分析资料显示，90%以上的事故是由人的不安全行为造成的。同样，在高校校园，大学生不安全行为是校园安全事故的重要直接致因，主要表现为安全意识不强、安全知识缺乏、安全技能不够、安全习惯不良等。要达到预防安全事故的目的，就必须研究大学生的行为规律，研究其不安全行为产生的影响因素及发生机理。

在数据采集方面，充分利用某省高校学生安全事故统计平台和网络资源，汇总分析 2015~2017 年 3 年间的高校安全事故。在获取第一手资料后，先进行统计分析，绘制事故类型（数量）柱状图、安全事故饼状图、事故数量折线图等，锁定典型事故类型及发生数量的年度走势，然后进行比较研究，确保统计数据的真实性、典型性和代表性。

第一节 2015 年某省高校校园安全事故分析

一、总体情况

数据来自某省高校安全事故统计平台（高校版）记录的该省 139 所高校 2015 年发生的各类安全事故及应对措施。该系统数据由高校自主登录填报。

本次调查统计共登记学生伤亡事故 84 起，涉及学生 148 人，其中致死 62 人，伤残 86 人。

二、事故类型分析

根据图 2.1、图 2.2 数据显示，2015 年高校安全事故共发生 84 起。排名前 3 位的分别是自杀、交通和溺水类安全事故，发生数量分别为 28 起、26 起和 12 起，分别占到当年高校安全事故总数的 33%、31%和 14%。

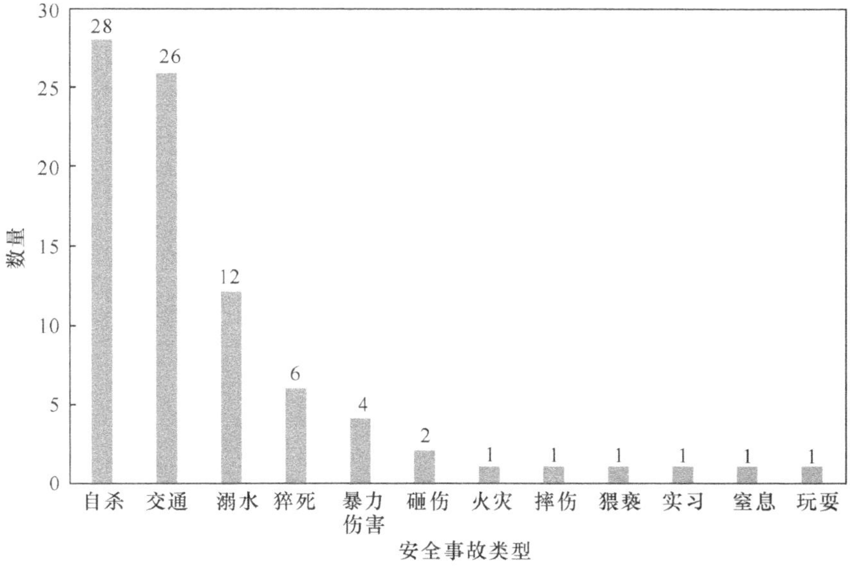

图 2.1 2015 年校园安全事故类型（数量）柱状图

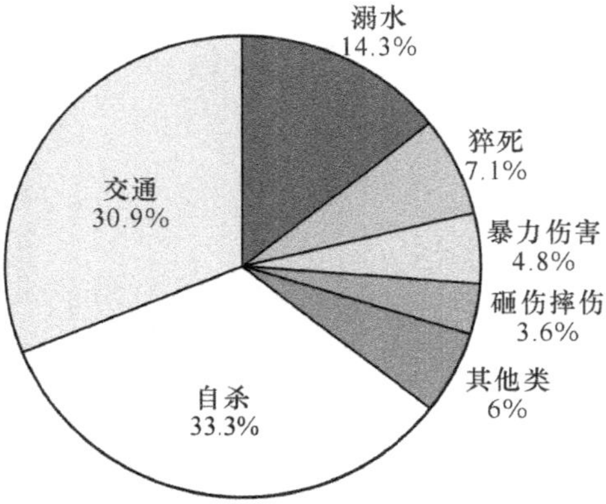

图 2.2　2015 年校园安全事故饼状图

其次是猝死、暴力伤害、砸伤摔伤类事故（包括砸伤事故和摔伤事故），发生数量分别是 6 起、4 起和 3 起（砸伤 2 起、摔伤 1 起），分别占到当年高校安全事故发生总数的 7.1%、4.8%和 3.6%。

其他类事故共发生 5 起，包括火灾、猥亵、窒息、实习和玩耍引起的 5 类安全事故，各 1 起，占到当年高校安全事故发生总数的 6%。

第二节　2016 年某省高校校园安全事故分析

一、总体情况

数据来自某省高校安全事故统计平台（高校版）记录的该省 144 所高校 2016 年发生的各类安全事故及应对措施（该系统数据由高校自主登录填报）。

本次调查统计共登记学生伤亡事故 67 起，涉及学生 86 人，其中致死 44 人，伤残 42 人。

二、事故类型分析

根据图 2.3、图 2.4 数据显示，2016 年高校安全事故共发生 67 起。

排名前3位的分别是自杀、交通、暴力伤害和猝死类安全事故，发生数量分别是23起、16起、6起和6起，分别占到当年高校安全事故总数的34%、24%、9%和9%。

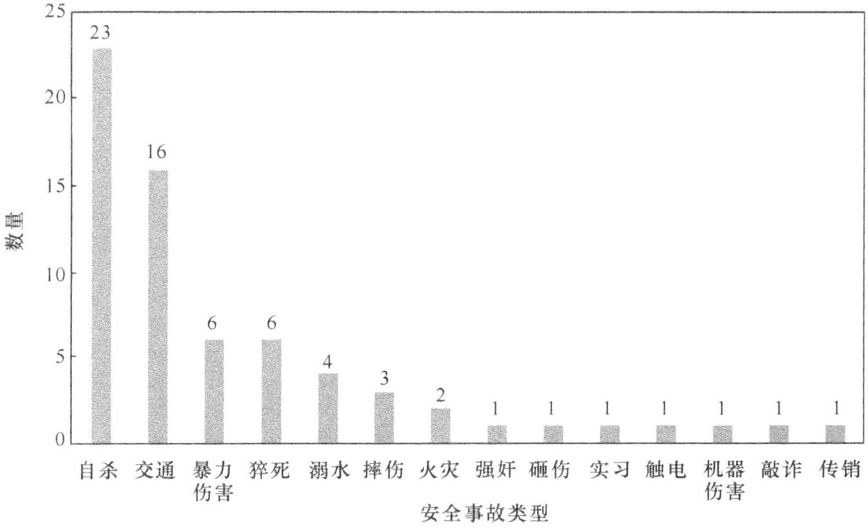

图2.3　2016年校园安全事故类型（数量）柱状图

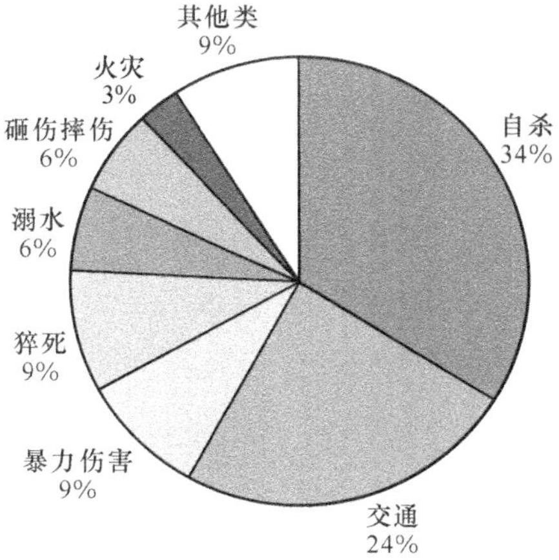

图2.4　2016年校园安全事故饼状图

其次是溺水、砸伤摔伤（包括砸伤事故和摔伤事故）和火灾类事故，发生数量分别是4起、4起（摔伤3起、砸伤1起）和2起，占到当年高校安全事故发生总数的6%、6%和3%。

其他类事故共发生6起，占到当年高校安全事故发生总数的9%，分别包括强奸、实习、触电、机器伤害、敲诈、传销6类安全事故各1起。

三、与2015年数据比较分析

通过事故数量比较分析，相较于2015年，2016年某省高校安全形势总体平稳，安全事故发生数量、伤亡人数呈大幅下降趋势。2016年安全事故发生数量前3名新增暴力伤害和猝死2类事故。其中，暴力伤害事故6起，较2015年增加2起，发生比例增加4.2%；猝死事故6起，与2015年猝死事故数量持平，但通过事故饼状图比较发现，猝死类事故的比例较2015年增加约2%。

交通和溺水事故发生数量大幅下降，较2015年分别减少10起和8起，通过事故饼状图比较发现，交通事故占比由2015年的31%降为2016年的24%，降幅7%；溺水事故占比由2015年的14%降为2016年的6%，降幅8%。这反映出对交通和溺水事故的防控措施更加到位，防控效果显著提高。

通过分析发现，自杀类安全事故在2016年各类事故中仍然是发生数量最多的，尽管较2015年数量减少5起，但是自杀事故在2016年事故总量中的比例达到34%，较2015年还增加了1%。这反映出，自杀类事故不论从发生数量，还是事故比例，都是最高的，对该类事故的防控压力依然比较大，防控形势和任务依然比较艰巨。

通过事故类型比较发现，2016年高校安全事故中新出现了强奸、触电、机器伤害、敲诈和传销等事故类型。从发生数量看，虽然数量不多，但是需要注意高校安全事故类型显现的变化，对这些新出现的安全事故我们必须加以高度重视和警惕，及时研究事故成因和规律，争取及早遏制事故发展的苗头，做好这类安全事故的防控工作。

第三节　2017 年某省高校校园安全事故分析

一、总体情况

据统计，2017 年全省高校共登记学生伤亡事故 57 起，涉及学生 59 人，其中致死 49 人，伤残 5 人，其他 5 人。

二、事故类型分析

根据图 2. 5、图 2. 6 数据显示，2017 年某省高校总体安全形势平稳，安全事故发生数量、伤亡人数呈大幅下降趋势。安全事故共发生 57 起，排名前 3 位的分别是自杀、交通、猝死类安全事故，发生数量分别是 21 起、8 起和 7 起，分别占到当年高校安全事故总数的 37%、14% 和 12%。其次是溺水、疾病、意外和暴力伤害类事故，发生数量分别是 5 起、5 起、5 起和 4 起，分别占到当年高校安全事故发生总数的 8. 8%、8. 8%、8. 8% 和 7%。

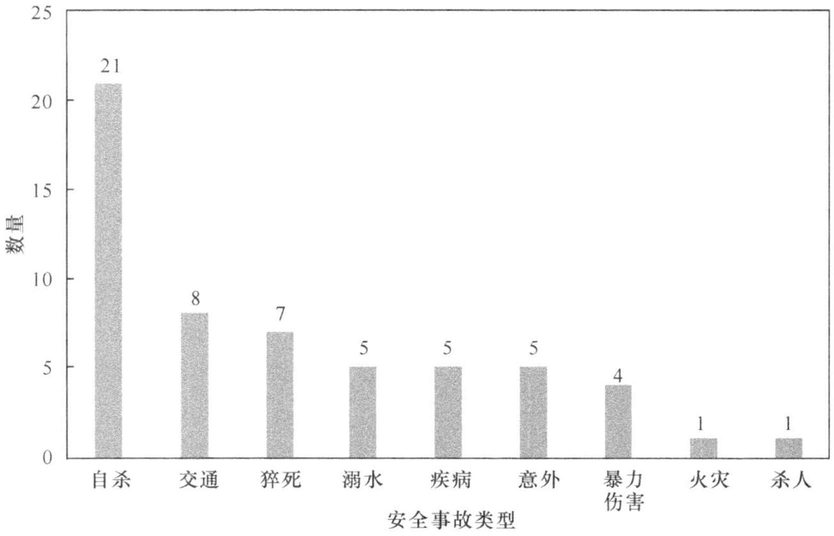

图 2. 5　2017 年校园安全事故类型（数量）柱状图

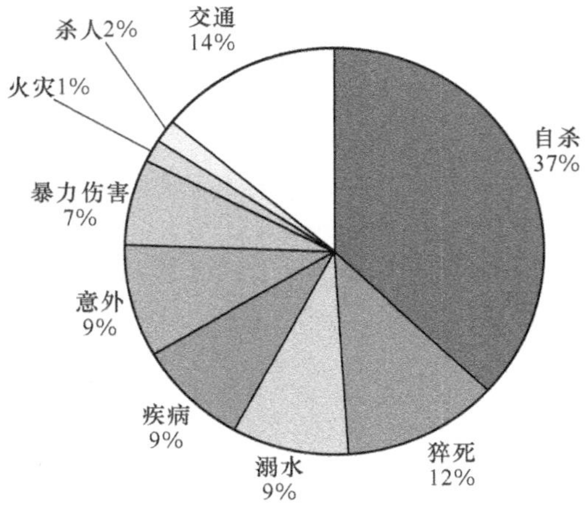

图 2.6　2017 年校园安全事故饼状图

火灾事故和杀人事故各发生 1 起，各占到当年高校安全事故发生总数的 1.8%。

三、与 2015 年、2016 年数据比较分析

通过事故数量比较分析发现，自杀、交通安全事故在 2017 年的发生数量和比例方面，与 2015 年、2016 年排名一致。反映出自杀和交通事故是校园安全事故发生的主要类型。

交通安全事故数量较 2016 年减少了 8 起，较 2015 年减少了 18 起。发生数量呈持续下降趋势。这反映出交通安全事故得到显著控制，防控效果显著。

通过事故类型比较分析发现，疾病和意外事故分别发生 5 起，笔者认为该类事故受客观因素影响较大。杀人事故在这三年中第一次出现，发生 1 起，因该类事故的主观恶性、危害性较大，容易引发社会舆论关注，因此要重视成因分析，做好防控。

第四节　2015～2017 年高校安全事故总体分析

综上所述，利用校园安全事故类型（数量）柱状图、校园安全事故

饼状图，对 2015~2017 年高校校园安全事故按照年度进行了分析，统计了每年高校校园安全事故的主要类型、每类事故当年的发生数量和每类事故在当年安全事故总量中的比例。

为系统分析某省高校安全事故的年度变化趋势，笔者利用某省高校安全事故统计平台（高校版）数据，绘制了 2013~2017 年校园安全事故数量（伤亡人数）折线图，如图 2.7 所示。

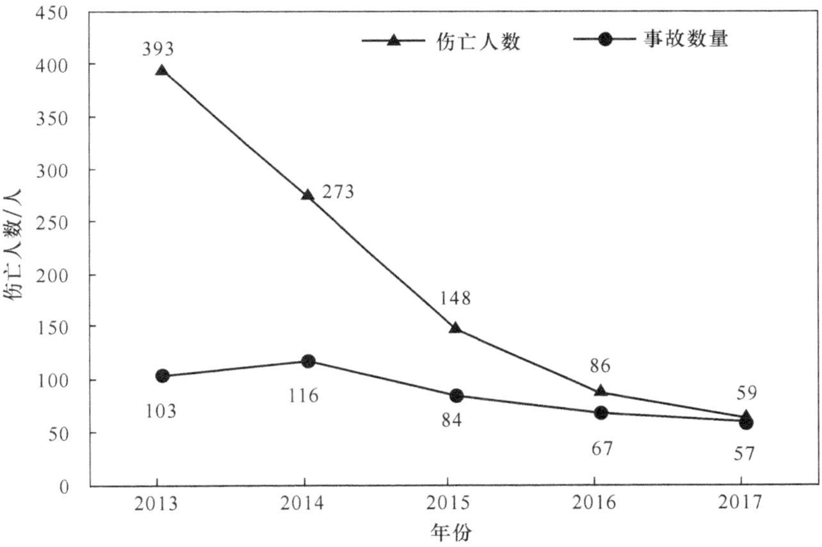

图 2.7 2013~2017 年校园安全事故数量（伤亡人数）折线图

折线图显示，2013~2017 年 5 年间，校园安全事故的发生数量和伤亡人数总体上呈现出持续下降态势。从发生数量看，安全事故的发生数量从 2014 年 116 起，下降到 2015 年 84 起，到 2016 年下降到 67 起，2017 年比 2014 年下降了 59 起，降低了 50.8%。事故伤亡人数从 2013 年 393 人，下降到 2017 年 59 人，2017 年比 2013 年减少了 334 人，减少了 84.3%。

以上数据表明，2013~2017 年 5 年间，校园安全事故发生数量和伤亡人数逐年减少，反映出高校安全事故多发的态势逐步得到有效遏制，高校校园的安全稳定形势逐年向好。

因该省高校安全事故统计平台（高校版）未提供2013年、2014年校园安全事故发生的事故类型以及各类事故发生数量，根据平台（高校版）数据，对2015~2017年校园安全事故的类型及数量作统计分析，如图2.8所示。

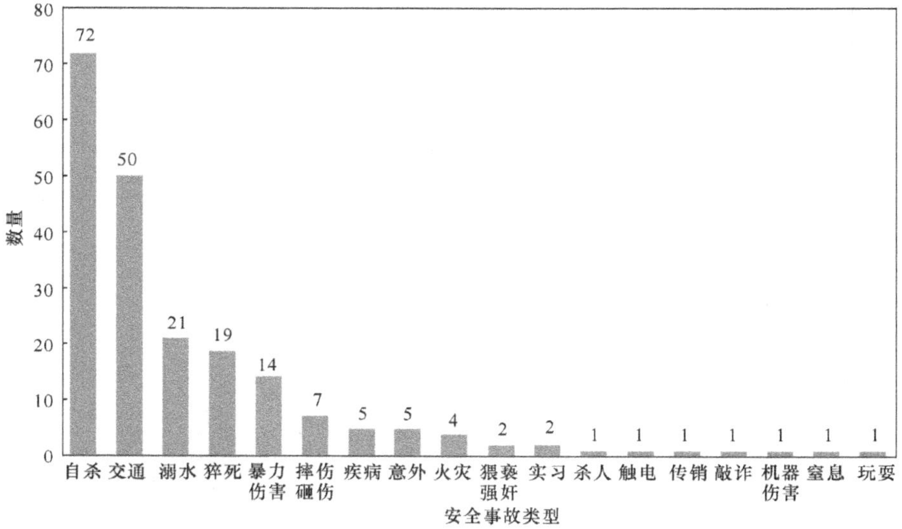

图2.8 2015~2017年校园安全事故类型（数量）柱状图

由图2.8可知，2015~2017年，共发生各类安全事故208起。数量排在前2位的安全事故分别是自杀和交通事故。其中自杀事故72起，占事故发生总数的35%；交通事故50起，占事故发生总数的24%。

其次，是溺水、猝死和暴力伤害事故。溺水事故发生21起，占事故发生总数的11%；猝死事故发生19起，占比9.1%；暴力伤害事故14起，占比6.7%。

再次，摔伤砸伤（包括摔伤事故、砸伤事故）7起，占比3.4%；疾病、意外事故各5起，占比2.4%；火灾事故4起，占比1.9%；猥亵强奸和实习伤害事故各2起，占比约1%。

杀人、触电、传销、敲诈、机器伤害、窒息、玩耍安全事故各1起，分别占比约0.5%。

自杀、交通、溺水、猝死、暴力伤害、摔伤砸伤六类安全事故发生数量在2015~2017年的趋势变化，如图2.9所示。

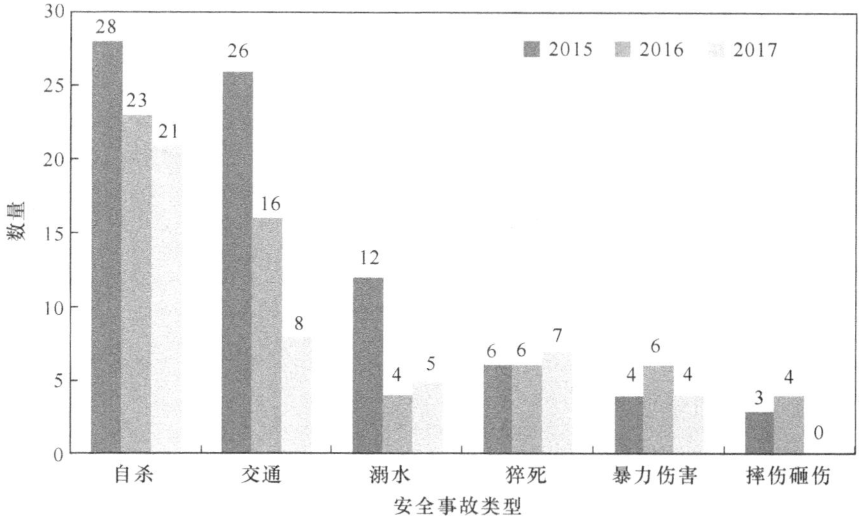

图2.9　2015~2017年多发校园安全事故趋势柱状图

自杀类事故发生数量三年来持续减少。从2015年的28起，下降到2016年23起，到2017年下降到21起。从发生数量看，2017年较2015年减少了7起，下降了25%。

交通类事故发生数量三年来下降非常明显。从2015年26起，下降到2016年16起，到2017年下降到8起。从发生数量看，2017年较2015年减少了18起，下降了约70%。

溺水类事故发生数量三年来下降明显。2015年发生12起，到2016年下降为4起，2016年较2015年下降了66%。2017年较2016年增加1起，增加了16%，波动不大。

猝死类事故发生数量没有出现减少，2015年、2016年均发生6起，2017年发生7起，较2016年增加1起。

暴力伤害类事故发生数量出现“先升后降”的走势，2016年比2015

年增加 2 起，2017 年较 2016 年又有所下降，减少 2 起。

摔伤砸伤类事故 2016 年比 2015 年增加 1 起，但是 2017 年的分析报告中没有体现该类型事故的发生数量。

综上数据分析，近年来校园安全事故发生数量逐年减少，反映出对高校校园安全工作的重视，通过不断加强安全管理制度建设，建章立制，规范管理，加大人防技防投入，为做好学校安全稳定工作提供坚强保证，同时，强化对大学生进行安全意识教育，增强学生安全意识，高校安全事故多发的态势逐步得到有效遏制，校园安全稳定形势持续转好。

尽管校园安全事故的发生数量逐年减少，但综合分析得知，在历年的校园安全事故中，自杀、交通事故、溺水、猝死、暴力伤害、摔伤砸伤、火灾等安全事故类型在所有安全事故中占据绝大部分，是当前校园安全事故的典型类型。

第五节 高校校园安全事故特征规律分析

2010~2017 年，该省高校共发生 694 起校园安全事故，汇总分析情况如下。

一、事故趋势特征分析

大学生安全事故发生的起数、伤残学生数量总体逐年呈下降趋势。根据某省高校安全事故统计平台（高校版）统计资料，2010~2017 年 8 年间某省高校学生安全事故共发生 694 起，涉及学生 1527 人，其中致死 585 人，伤残 937 人，各年度发生安全事故起数与学生伤亡人数见表 2. 1。

表 2. 1 2010~2017 年度发生事故统计表

事故年度	事故（人数）	致死（人数）	伤残（人数）	其他（人数）	事故（起数）
2010	212	65	147	0	92
2011	165	29	136	0	85

续表 2.1

事故年度	事故（人数）	致死（人数）	伤残（人数）	其他（人数）	事故（起数）
2012	191	68	123	0	91
2013	393	137	256	0	103
2014	273	131	142	0	116
2015	148	62	86	0	84
2016	86	44	42	0	66
2017	59	49	5	5	57
总计	1527	585	937	5	694

将表 2.1 数据制作成趋势图，如图 2.10 所示。

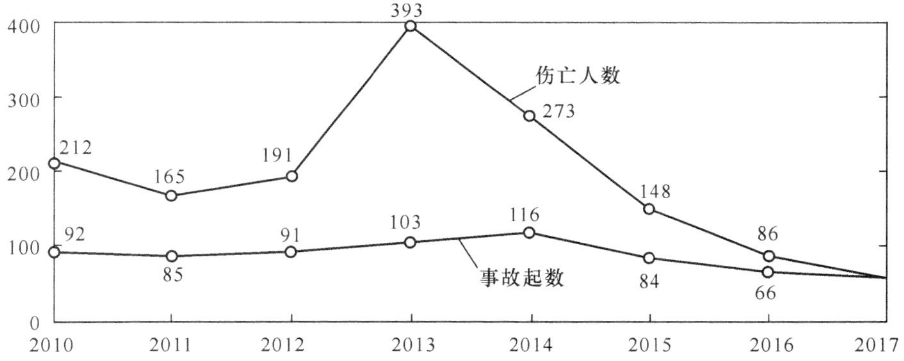

图 2.10　各年度事故人数及起数统计图

图 2.10 显示，某省高校学生安全事故所造成的致死、伤残人数在 2013、2014 年度出现大幅增长，自 2015 年度起大幅降低；与 2010 年度相比，2017 年度事故发生率同比降低 30.14%，致死人数同比降低 34.45%，伤残人数同比降低 76.16%。

二、事故类型特征分析

对某省高校学生安全事故统计资料显示，高校学生安全事故的多发类型事故发生数量不断减少，且单次事故规模（以造成人员伤亡的人数为判断标准）亦在不断缩小。2010~2014 年间，高校安全事故类型较多元化，排在前十位的安全事故类型为：食物中毒、暴力伤害、偷窃、交通、自杀、火灾、猝死、溺水、猥亵、抢劫；2015 年度，安全事故类型及涉及学生人数大规模缩减，尤其是公共卫生类安全事故发生率降至 0，而 2010~2014 年间，公共卫生类安全事故中的食物中毒事故的发生率居于首位；2017 年度，在 2010~2014 年间多发的如偷窃、火灾、猥亵、抢劫等事故类型，发生率大规模缩减，其中偷窃、猥亵、抢劫的发生率均降至零，火灾事故的发生率同比降低 98.44%，事故造成的学生伤亡率同比降低 97.84%；2017 年度，交通、自杀、暴力伤害、猝死、溺水、摔伤、火灾、强奸排在事故类型的前 8 位，这 8 类事故与 2010~2014 年度相比，规模也急剧缩小，如交通事故的发生率同比降低 86.56%，涉及学生人数同比减少 83.18%。

三、校园安全事故特点

（一）突发性

高校大学生安全事故的突发性是指它是否会发生，于什么时间、什么地点、以什么方式出现，以及爆发的程度和可能引起的后续连锁反应等情况，都是人们始料未及、无法估量的。这种不确定性也恰恰反映了高校学生安全事故的偶然性和随机性。高校作为高知识、高素质青年群体密集区域，极易成为公众和媒体关注的焦点。高校学生安全事故通常是突然发生的，可能在学校还来不及反应的时候，事件已经成为社会关注的焦点，并产生极大的负面效应。通过我们梳理，在 2010~2017 年发生的 694 起大学生安全事故中，突发事故有 426 起，占事故总数的 61.38%。

（二）敏感性

敏感性是校园安全事故所特有的，高校青年学生对外联系广泛，好奇心强，关注社会发展，对待事物有激情和易发冲动，加之现在新媒体技术的迅猛发展，网络互通和媒体信息传播速度快捷，通信技术发达，微信、微博广泛应用等，安全事件一经发生或处置不当，很可能成为社会网络热点问题。因此，校园安全事故受社会关注程度最高，具有极强的敏感性。

（三）传染性

大学生群体普遍具有思维活跃、自主性强的特点，同时又富有寻求刺激、追求新鲜、归属感强的心理倾向，容易导致“从众效应”。在特定环境下，学生之间的互动敏感性越来越高，形成相互刺激的连锁反应，使参与其中的大学生情绪激动、思维混乱，甚至丧失理智，容易做出无明确目的的、顺从性的、有悖于道德规范的狂热行为，甚至违法犯罪或者自身走上绝路。

四、伤亡学生特征分析

（一）伤亡的类别

在导致伤亡的各种事故中，交通事故的涉及人数排在第一位、发生起数排在第二位，分别占总量的20.9%和30.9%；自杀的涉及人数排在第二位、发生起数排在第一位，分别占总量的18.9%和33.3%；溺水的发生起数和涉及人数均排在第三位，分别占总量的13.1%和7.4%。

（二）伤亡的场所

从发生伤亡的场所看，绝大多数伤亡发生在校园内部，校内寝室、校内教学楼、校内操场是校内安全事故的高发区域。在校外伤亡中，校外公共道路、校外公共场所、校外水库河湖是校外安全事故的高发区域。

（三）伤亡学生的学历构成

从伤亡学生的绝对数量来看，本科生人数最多，专科（高职）生次之，研究生最低。进一步分析发现，从不同学历层次中伤亡学生比例看，本专科生的伤亡比例略高于研究生的伤亡比例。

（四）伤亡学生的性别构成

从伤亡学生的性别看，男生占多数，主要是男生活泼好动，是游泳、打架斗殴的主角；在自杀和坠落伤害学生中，女生占绝对多数。

（五）伤亡学生的年级分布

从伤亡学生的年级分布看，从一年级到四年级，学生伤亡数量呈现递增趋势，三、四年级是高发段，其中三年级学生伤亡数量达到顶峰，占伤亡总数的三分之一以上。

（六）学生伤亡的时间分布

统计结果显示，从一年的伤亡时间看，4 月、5 月是学生伤亡的高峰月；超过 50%的自杀事件发生在 4 月、5 月，次高点是 11 月、12 月；溺水多发生在 6~8 月。从一天的伤亡时间看，多发生在下午或者晚上，溺水死亡全部发生在下午，打架斗殴、交通事故主要发生在晚上。

第六节　校园安全事故典型案例分析

引发校园安全事故的因素既有学生自身存在的问题，又有管理教师的原因；既有校内的不安全因素，也有来自校外的不安全因素，总之，它是一种系统因素综合作用下引发的不良后果。但是，其中各个因素所发挥的主次作用又是不同的。

为了系统分析校园安全事故的成因，我们从客观、主观两个方面，对校园安全事故成因的系统要素进行全面的分析。

客观原因主要是指地震、暴雨、洪水、疫病、战争等因素。同时，也包括了安全设施与器材质量不达标、交通标志不完善、交通工具增多等因素。

主观原因主要指人的因素，包括学生自身的因素和教师等学校管理队伍的因素。学生自身因素，主要是指大学生安全意识不强、安全知识缺乏、安全技能不够和安全习惯不良等自身因素。教育管理队伍因素，主要是指教师或学校因教育缺失、制度松懈、管理水平不高、方法不当、教育效果较差等影响因素。

一、典型校园安全事故的致因分析

本部分我们选取了校园安全事故中的一些常见典型类型案例，通过剖析案例成因，分析大学生不安全行为与校园安全事故之间的因缘关系。

（一）自杀类安全事故

案例：18 岁的小霞是个爱笑的长沙姑娘，她在大学的两年多时间里热爱学习，还经常参加社会公益活动。在老师、同学和父母眼中，她热情、开朗、乐观，是校园活动的积极分子，人缘也特别好。这样一个优秀的学生，却于 2015 年 4 月 15 日上午留下一封遗书后，投河自尽。花儿一般的年纪，她为什么要选择轻生呢？小霞的舅舅说，去年春节过后，一向活泼可爱的小霞经常出现情绪落差，一点很小的事情就会伤心落泪。起初，家人以为是学习紧张，可这样的状态越来越多。一周前，小霞的家人将她带到了医院，医生的诊断是“微笑型抑郁症”。从医院回家以后，小霞的情绪变得更差，不久就发生了投河的悲剧。“微笑型抑郁”属于双相障碍中的混合性抑郁，即躁狂的外表与抑郁的内心同时呈现在同一个患者身上。

案例分析：案例中，主要原因是小霞对于自身“微笑型抑郁”的认知存在问题。在出现性情巨大反差变化后，小霞没有积极寻求心理咨询机构的帮助和干预，在确诊“抑郁症”以后，没有及时寻求治疗，导致跳河自杀行为的发生。

部分学者通过问卷调查、文献查阅等对大学生自杀的原因进行了研究分析。巢传宣等人对39例大学生自杀死亡事件进行研究，结果表明恋爱不顺或失恋（占33.3%）是大学生自杀的首要原因，就业压力（占20.5%）、学习压力（占28.2%）等是大学生自杀的重要原因。杨宁坤研究互联网公开报道的65个大学生自杀死亡个案，发现情感挫折占比最大，为32.14%，其次是学业和就业压力，占21.43%；再次是心理障碍，占27.38%；因为家庭压力而自杀的占8.33%。李艳兰运用文献法研究互联网上报道的352个自杀（含自杀未遂）案例，发现由情感挫折导致自杀的占31.0%，由学业不良导致自杀的占27.8%，由精神疾病导致自杀的占22.7%，由适应不良导致自杀的占4.3%，由就业压力导致自杀的占4.3%，由家庭因素导致自杀的占2.6%。

综上所述，来自情感、就业、学习、经济等方面的压力，家庭成长环境造成的性格扭曲、精神疾病，心理承受能力差等因素给学生造成了“厌世”心理。在出现“厌世”心理后，没有得到及时关注、有效干预和救助，是导致大学生自杀的主要原因。

（二）交通类安全事故

案例：3月16日22点左右，某大学交通学院2015级学生王某某在商业街餐馆与另外两名同学吃饭，其间饮酒，之后驾车（车主为其父亲）从家属区经环山路返回学生公寓，途中将行人撞伤后逃逸。经对王某抽血进行乙醇检测，王某构成醉酒驾驶机动车，已涉嫌触犯《中华人民共和国刑法》。

案例分析：案例中，王某对酒后饮酒驾车的危险性、危害性、违法性认识不足。《道路交通安全法》第九十一条规定：饮酒后驾驶机动车的，处暂扣六个月机动车驾驶证，并处一千元以上二千元以下罚款。《中华人民共和国刑法修正案（八）》第二十二条规定：在刑法第一百三十三条后增加一条，作为第一百三十三条之一："在道路上驾驶机动车追逐竞驶，情节恶劣的，或者在道路上醉酒驾驶机动车的，处拘役，并处罚金"。

王某某吃饭饮酒且酒后驾车，经酒精检测已经达到醉驾标准。王某作为在校大学生，理应对酒驾、醉驾的社会危险性、危害性和违法性的性质比较清楚，但是却麻痹大意、心存侥幸，最终酿成车祸且肇事逃逸，行为恶劣，后果严重。该案例发生的主要原因是王某安全习惯不良、安全意识缺乏，该案例给我们的深刻教训是一定要远离饮酒驾车，珍爱自己和他人生命。

（三）溺水类安全事故

案例：某日凌晨，2 名学生在大学校园内荷塘落水。两人在校园散步到事发区域，试图从荷塘北岸跨过冰面到南岸，走至荷塘接近中心区域不慎落水。1 人获救，1 人溺亡。

案例分析：发生事故的主要原因是该两名同学对行走路线的选择错误，没有预料到跨过冰面路线的危险性，而又恰恰遇到了危险。这种心理其实是一种"侥幸心理"，是对潜在危险的低估或者预判不足，因此，此案例发生的主要原因就是该两名同学安全意识不强、安全习惯不良。

通过梳理相关大学生溺水事故，发现大学生溺水的原因有以下几方面原因：一是学生对水域的危险性认识不足，二是学生对自身健康状况认识不足，三是学生盲目自信，对危险的预见性不足。许多学生刚刚学会游泳，对水性不是很了解，在游泳的过程中还不能处理突发状况，过分的自信等原因都会造成溺水。

（四）猝死类安全事故

案例：21 岁大学生跨年夜网吧玩通宵猝死。据了解，猝死的学生姓夏，当年读大四。大学马上就要毕业了，小夏却猝死网吧，实在是令人惋惜。医院急诊科的医生认为小夏猝死的原因是长时间坐着，影响了血液循环。

案例分析：根据医生的诊断，主要原因是小夏同学不良的生活习惯，引发了悲剧的发生。近年来，大学生因为长期通宵达旦熬夜上网、玩游戏等造成的猝死事故屡屡发生。

据有关数据统计，大学生猝死主要分为以下几种情况：运动猝死、睡眠猝死、醉酒猝死和熬夜猝死。一些大学生除了上课吃饭外沉溺于寝室上网、玩手机，较少地参与阳光下的体育活动，缺乏适量的体育锻炼，身体素质较差。长期依赖于电脑、手机，熬夜做作业和玩游戏，抽烟、喝酒等不良生活习惯，都是猝死事故发生诱因。

（五）暴力伤害类安全事故

案例：某日晚 9 时许，某学院两名同宿舍学生因琐事发生口角，一名学生被刺伤，经医院抢救无效死亡。

警方初步调查，学生袁某在宿舍玩电脑游戏，遇同宿舍蒋某因未带钥匙敲门，袁某未及时开门，双方发生口角，并发生肢体冲突。在冲突过程中，袁某拿起书架上的一把水果刀捅到蒋某胸部，蒋某送医院抢救无效死亡。

案例分析：袁某因口角冲突，情急之下抓刀伤人的行为应该属于“激情犯罪”，激情犯罪是行为人在精神上受到刺激或人身受到攻击、人格遭到侮辱后，处于难以抑制的兴奋冲动状态，在这种状态下，人的正常理智被削弱或丧失，表现为认识范围狭窄，自我控制能力削弱，不能正确评价自己行为的意义和后果，在强烈而短暂的激情推动下实施一种爆发性、冲动性的犯罪行为。本案中，袁某的行为属于在蒋某刺激下的爆发性、冲动型犯罪行为。袁某应该为自己的冲动和不理性负责。

二、应对分析

根据本章节前部分对多个典型校园安全事故案例的分析总结我们可以初步得到以下结论。

首先，绝大多数安全事故都与学生的不安全行为有关。在分析的安全事故中，自然灾害引发的事故仅占所有事故的2%左右，其他各类事故绝大部分都是由人的主观因素引起的，主要表现在：思想上安全意识不强、对安全工作重视不够；日常管理中往往人员、经费、硬件支持、防范措施、教育、检查监督、整改等不到位；事故应对上师生安全防范能力、自救自护能力低下等等。其次，应高度关注上述事故。统计表明，自杀、交通、溺水、猝死、暴力伤害、摔伤砸伤、火灾等安全事故是当前校园安全事故的典型类型，对学生造成的伤害确实不容忽视。

通过对校园安全事故的类型分析，总结出校园安全事故的典型类型，通过对典型类型安全事故案例的分析，得出了大学生不安全行为因素在校园安全事故中起到了直接、重要的致因作用。因此，规范和约束大学生不安全行为，对于防范和控制校园安全事故的发生至关重要。为此，大学生应该从个人层面，着重注意四个问题。

（1）提高安全意识。从事故致因来看，因为缺乏安全意识，心存侥幸心理，认为发生在别人身上的事情不一定会轮到自己，以致出现了被骗、溺水、猝死等案例比比皆是，学生出行不遵守交通规则，发生恶性交通事故等等。因此，大学生应自觉主动参加各种形式的安全教育，以提高自身的安全意识，减少安全事故的发生。

（2）加强知识学习。自觉主动学习安全知识和法律常识，提高自身安全水平和法律意识。有的学生，因为法律意识淡薄，发生醉酒驾驶、打架斗殴、暴力致人伤残等，还有的学生为了满足自己的欲望或利益，高息借款，落入校园贷，致使走上犯罪的道路。大学生应该进一步增强法律意识和法治观念，做好学法、知法、懂法、用法，合理利用法律武器，维护自己的合法权益。

（3）增强安全技能。要经常参加学校、社团等组织的安全技能培训，积极学习急救知识，掌握心肺复苏、运动损伤紧急简易处置等急救技能。多观看安全纪录片、警示片，多参加一些实践锻炼活动，使自己掌握一些突发安全事故的发生、发展以及解决办法。提高自己在遇到险情、发生案情时的应急处置能力。

（4）养成良好习惯。良好的习惯是塑造健康体魄的基础，也是避免发生安全事故的重要因素。生活中不熬夜、饮食规律、情趣健康，避免连续长时间打游戏，多参加一些体育锻炼活动，多吃蔬菜水果，少吃油炸油腻食品等，就能从一定程度上避免猝死性安全事故的发生。在马路上行走、骑车时，遵守交通规则，不闯红灯；开车时，系好安全带，不酒驾不醉驾，不搭乘黑车，就能有效避免交通安全事故的发生，等等。

总之，只有不断提高自身的安全意识，加强安全知识的学习，掌握必要的安全技能，养成良好的安全习惯等，才能阻断不安全行为产生的内因，有效避免校园安全事故的发生。

第三章 高校学生行为安全管理及干预研究

近年来，高校规模不断扩大，学生数量逐年增加，高校公共安全事故更是屡有发生。通过前文研究发现，90%以上的事故是大学生的不安全行为引起的。大学生是社会关注的焦点，有效预防其不安全行为的发生是高校安全教育与管理工作面临的一项长期任务。但是就目前的情况来看，高校校园管理越来越复杂化，管理难度更是不断提升。如果不及时调整管理方式，不安全行为可能愈演愈烈，引发更加严重的后果。

大学生不安全行为与校园安全事故的关系深远而复杂，为保证高校校园安全，校园安全管理显得尤为重要。为了给高校公共安全事故预防工作提供理论指导，减少大学生不安全行为的发生，本书构建了大学生不安全行为影响因素指标体系，并根据该体系编制了大学生不安全行为影响因素调查问卷，利用该问卷收集到的数据建立了结构方程模型。在对模型进行修正并分析后发现，该体系科学合理。通过该体系建立的模型能够比较准确地反映各影响因素与不安全行为以及各个影响因素之间的关系，为大学生不安全行为预防预控提供对策建议。

行为安全管理是一个系统工程，其目的是减少安全事故，方法是强化安全行为与消除不安全行为，在实际生活中，大多数安全事故是由于人的不安全行为引起的，所以行为安全管理的重点一般以预防不安全行为为主。

目前，针对不安全行为成因的研究，我国学者从不同的方面进行了研究。有的学者从人的因素、物的因素、环境的因素、管理的因素和事故处置的因素这五个方面对大学生安全事故的成因进行了论述性分析，使人们对高校公共安全事故的主要成因有了初步的了解；另有一些学者从某一方面对不安全行为的成因进行了深入分析，如从个体特征因素、组织环境因素、习惯性因素及安全监管因素入手等，使人们对于不安全行为的影响因素有了一个更加深入的了解；还有一些学者结合高校公共安全事故的类型与特点，从主观角度与客观角度分析了事故多发的原因，并提出了相应的预测预防方法。这些研究揭示了不安全行为的主要影响因素，为指导高校公共安全事故预防工作提供了一定的理论指导，但是对于各个影响因素之间的关系，以及各因素对不安全行为的影响程度的研究还不够充分。

由于大学生不安全行为的表现形式多种多样，其成因更是错综复杂，在探究过程中，忽略任何一点都可能导致分析的结果不准确。笔者通过研究资料发现，结构方程模型对于解决这类多原因、多结果的问题表现出了较好的效果。结构方程模型（structural equation modeling，SEM）是社会科学研究中一个比较常用的方法。该方法在20世纪80年代就已经成熟。宫运华曾采用此方法研究了大学生不安全行为的成因，但是其模型边界划分不够合理，且没有考虑影响因素之间的相关性关系，导致模型的适配度偏低。

综合参考其他人的研究成果，并针对以上研究存在的问题，书中构建了大学生不安全行为影响因素指标体系，然后根据该体系编制了大学生不安全行为影响因素调查问卷，利用收集到的数据建立了一个更加完善的大学生不安全行为影响因素结构方程模型。通过修正并分析模型发现，该体系科学合理，对于指导不安全行为预防工作很有帮助。

第一节　高校调研与分析

一、影响因素指标体系构建

通过研究发现，定量分析可以很直观地反映各个影响因素与不安全行为之间的关系，而用于定量分析的数据必须准确，这就要求在收集数据前建立一个科学合理的影响因素指标体系。在结构方程模型中，要对每个潜变量制定相应的可测量指标。本书在测量指标的选择上，尽量选择前人所研究的、有效的测量指标；若有的因素没有找到合适的测量指标，则结合相关文献分析和本书建立的影响因素指标体系，归纳出该因素的主要特征为测量指标。

笔者通过请教专家、查阅文献、访问学生等方式，首先将不安全行为的影响因素划分为 5 个维度，分别为个体安全素质、环境因素、安全管理、安全文化与群体因素，然后根据每个维度的具体情况确定其测量指标。同一维度下的测量指标的选取需要遵循同一标准，既要比较全面地反映该维度的量化水平又要避免各指标之间相互杂糅，使各个指标所测量的内容都能够有效反映该维度的一部分内容。例如个体安全素质的测量指标为生理素质、心理素质、安全认知与安全行为习惯，通过这四个指标可以很全面地反映学生的个体安全素质水平，且各指标之间的独立性很高。其他维度测量指标的选取见表 3. 1。

二、调研问卷设计

结合实际情况，采用调查问卷的形式收集数据是最直接最有效的手段，根据前文确定的测量指标，设计相应的问题，最后编制成一份包含 30 个问题的调查问卷。其中 4 个问题用来测量被测者的个体安全素质水平，6 个问题用来测量被测者所处的环境的安全水平，4 个问题用来测量被测者所处群体的安全水平，5 个问题用来测量该区域高校的安全管理水平，4 个问题用来测量该区域高校的安全文化水平，7 个问题用来测量被测者的不安全行为水平，每个问题采用李克特量表的方式进行打分，具体选项为非常大、比较大、一般、比较小和非常小。该调查问卷的具体内容见附录 1。

三、调研数据信效度分析

本次调研的对象是区域各高校的在校生，共发放调查问卷 2000 份，回收 1908 份，回收率为 95.4%。对收回的调查问卷进行检查与数据整理，剔除掉不合格（有漏答的题目或者选项单一）的调查问卷 103 份，最后共得到 1805 组数据，问卷可用率 94.6%。对得到的数据进行信效度分析。

信度主要反映的是该调查问卷测量结果（数据）一致性或稳定性的程度，考虑实际情况，本书主要分析数据的一致性，采用克朗巴赫 α 系数法进行信度分析（$\alpha \in (0, 1)$，越接近 1 说明数据可信度越高，不能低于 0.7），将调查问卷上的数据进行分类整理后导入 SPSS22.0 软件中进行分析，信度分析的结果见表 3.1。

表 3.1　调查问卷测量内容及信度分析表

维度	测量指标	可测变量个数	α 系数
个体安全素质	生理素质、心理素质、安全认知、安全行为习惯	4	0.841
环境因素	学校周边环境、交通状况、校园基础设施、安全防护设施	6	0.712
群体因素	群体安全氛围、群体行为习惯、群体安全效能感	4	0.837
安全管理	安全管理制度、安全监督检查、应急预案、管理队伍建设	5	0.803
安全文化	教育培训、安全价值观、安全参与程度	4	0.814
不安全行为	校园暴力、交通意外、运动实习受伤、误入传销组织等	7	0.843
问卷整体		30	0.922

通过分析表格可以看出，除了环境因素的克朗巴赫 α 系数为 0.712，其他维度的 α 系数均在 0.8 以上，且整个问卷的克朗巴赫 α 系数达到了 0.922，表明此调查问卷的可靠性很高。

效度指该调查问卷能够正确测量出所要测量的特质的程度，本书采用因子分析的方法进行结构效度分析。进行因子分析之前，首先要对数据进行 KMO 与 Bartlett 的球形度检验，KMO 检验结果为 0.917，达到要求。Bartlett 球形检验的近似卡方值为 4460.357，自由度为 435，显著性为 0.000，达到了显著水平，表明所选数据适合进行因子分析。通过因子分析可知，可测变量的抽取值为 0.450~0.832，均大于 0.4，说明得到的数据结构效度较高。

第二节　结构方程建模

一、SEM 软件选择

最常用的 SEM 软件是 AMOS 与 LISREL。AMOS 可以同时分析很多变量，还可检验数据是否符合所建立的模型，以及进行模型探索，逐步建立最适当的模型。

作为一个功能强大的统计分析工具，AMOS 在应用上具有以下特色：一是视觉化、绘图导向，以路径图的视觉化、拖动鼠标的方式来建立模型，并检视变量之间关系的系数与显著性；二是缺失值处理，AMOS 是以贝式估计产生更为精准的参数事后估计值和分布，可以了解有无缺失值；三是提供模型检验方法，数据是否拟合所建立的模型可利用相关的拟合度指标来判断，然后对某些变量加以连接以改善模型；四是多群组分析，可以针对两个以上群组的各变量进行数据比较和分析；五是次序或类别数据处理，变量可以是非数值数据或非计量数据；六是结合因素分析和路径分析，AMOS 的构成原理是属于验证性因子分析，是先以观测变量为建构基础，来验证是否能代表一个潜变量。

AMOS 的应用范围很广，在社会科学、经济、市场、管理、行为科学等方面均得到了广泛应用。基于以上特点，本书选用 AMOS 数学工具开展结构方程模型的研究。

二、初始模型假设

通过查阅资料，并结合实际情况，确定该模型的外生潜变量为安全管理（SM）、环境因素（EF）与安全文化（SC）；内生潜变量为群体因素（GF）、个体安全素质（ISQ）与不安全行为（US）。对于各潜变量之间的关系作出如下假设：

H1：个体安全素质对于大学生不安全行为有显著影响；

H2：群体因素对于大学生不安全行为有显著影响；

H3：安全文化对于大学生不安全行为有显著影响；

H4：安全管理对于大学生不安全行为有显著影响；

H5：环境因素对于大学生不安全行为有显著影响；

H6：群体因素对于个体安全素质有显著影响；

H7：安全文化对于个体安全素质有显著影响；

H8：安全管理对于个体安全素质有显著影响；

H9：环境因素对于个体安全素质有显著影响；

H10：安全文化对于群体因素有显著影响；

H11：安全管理对于群体因素有显著影响；

H12：环境因素对于群体因素有显著影响；

H13：安全文化与安全管理具有相关关系；

H14：安全文化与环境因素具有相关关系；

H15：安全管理与环境因素具有相关关系。

三、模型设定

模型使用之前，需要进行“违犯估计”，结果表明，误差方差值均为正值，标准化系数均小于 0.95，说明模型通过了“违犯估计”检验，可以进行进一步的分析。根据假设路径建立的初始模型如图 3.1 所示。

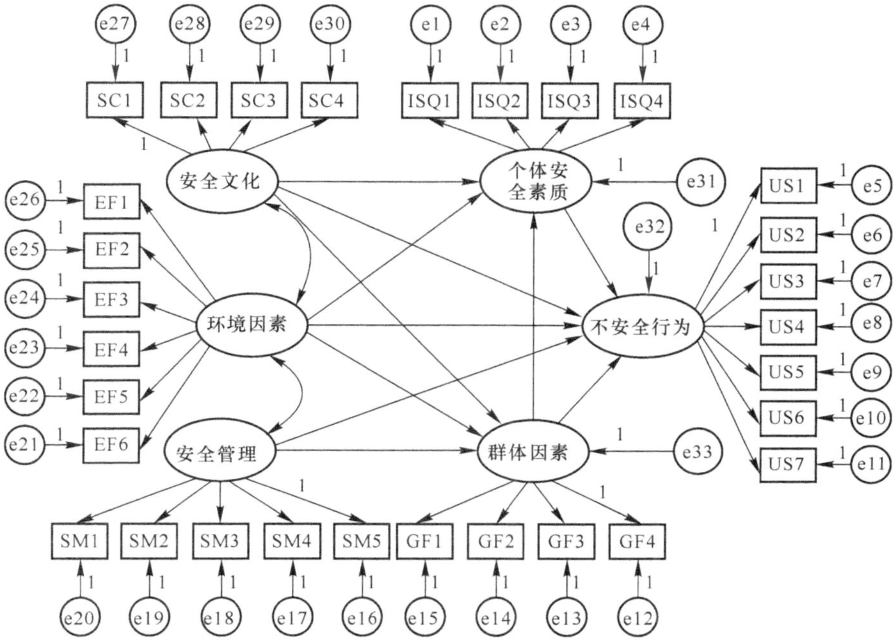

图 3.1　大学生不安全行为影响因素结构方程初始假设模型

对初始模型进行运算，运算结果见表 3.2。

表 3.2　初始模型运算结果

编号	路径	非标准化路径系数	S. E.	C. R.	p	标准化路径系数
H1	群体因素←安全文化	0.315	0.104	3.020	***	0.375
H2	群体因素←环境因素	0.039	0.142	0.273	0.785	0.037
H3	群体因素←安全管理	0.425	0.082	5.188	***	0.495
H4	个体安全素质←安全文化	0.002	0.066	0.014	0.797	0.002
H5	个体安全素质←群体因素	0.289	0.075	2.523	***	0.309
H6	个体安全素质←环境因素	0.273	0.091	3.004	***	0.433
H7	个体安全素质←安全管理	0.098	0.057	3.724	**	0.186
H8	不安全行为←安全文化	0.190	0.088	2.023	**	0.127
H9	不安全行为←环境因素	0.024	0.125	0.193	0.747	0.028
H10	不安全行为←安全管理	0.277	0.081	3.437	***	0.384

续表 3.2

编号	路径	非标准化路径系数	S. E.	C. R.	p	标准化路径系数
H11	不安全行为←群体因素	0.014	0.102	0.138	*	0.115
H12	不安全行为←个体安全素质	0.404	0.184	2.196	**	0.294
H13	安全文化←→安全管理	0.244	0.033	6.793	***	0.572
H14	安全文化←→环境因素	0.261	0.034	7.734	***	0.801
H15	环境因素←→安全管理	0.220	0.030	7.356	***	0.692

注：*** 表示 $p<0.00$，** 表示 $p<0.01$，* 表示 $p<0.05$。

其中，S. E. 为参数的标准误差；C. R. 为临界值（参考标准为绝对值大于 1.96），由参数估计值与其标准差之比构成；p 为显著性概率值（参考标准为小于 0.05）。通过表 3.2 可以看出，H2（环境因素→群体因素）、H4（安全文化→个体安全素质）、H9（环境因素→不安全行为）这三条路径的 C. R. 值的绝对值均小于 1.96，且 p 值大于 0.05，说明这三条路径未能通过显著性检验，即模型的输出结果与我们的假设存在一定的差异，接下来需要进行模型的修正。

第三节　模型修正与分析

一、模型修正

模型修正一般分为三个步骤：

第一步：删除路径。通过表 3.2 可以看出，初始模型中有三条路径是不符合标准的，我们首先分析删除这三条路径是否合理，环境因素属于外生潜变量，实际生活中往往与其他因素共同作用于群体与不安全行为，而安全文化的作用对象往往是群体，然后间接地影响个体安全素质，所以我们删除以上三条路径是合理的。根据 C. R. 绝对值由小到大的顺序依次删除这三条路径，每删除一条路径都要重新估计模型，查看结果的变化，最终，这三条路径均被删除，得到修正模型一。修正后的路径见图 3. 2。

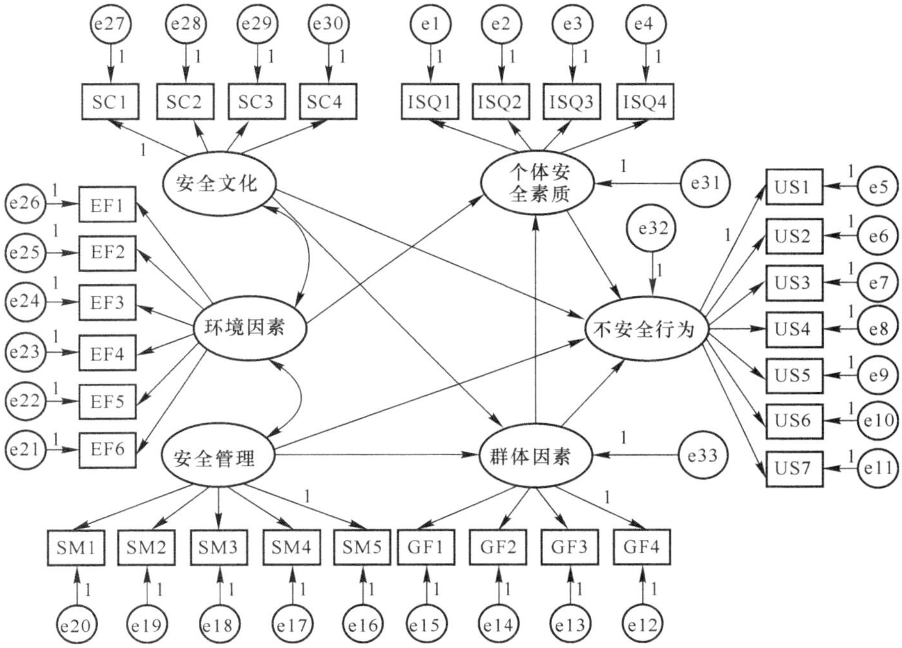

图 3. 2　修正模型一

第二步：通过修正指数对模型进行修正。这里的参考标准主要是 M. I. 值，如表 3. 3 所示。这里出现的每个修改指数大于指定阈值的参数，根据 M. I. 值由大到小的顺序，依次在各个可测变量的残差之间建立相关路径，每增加一条路径都要重新估计模型，最终如图增加了 5 条相关路径。可以看出，增加的相关路径都在每个维度的内部，同一维度下的测量指标具有一定的相关性，这与生活实际相符，因此增加这 5 条路径是合理的。然后我们得到了修正模型二，如图 3. 3 所示。

表 3. 3　修正指标表

协方差：（组号 1 － 默认模型）				
			M. I.	票面价值变动
e30	⟷	安全管理	7. 001	0. 061

续表 3.3

协方差：（组号 1 － 默认模型）				
e29	⟷	e30	7.161	0.085
e28	⟷	e32	5.922	-0.035
e27	⟷	e30	7.346	-0.088
e26	⟷	e29	4.313	-0.063
e26	⟷	e27	5.913	0.075
e26	⟷	e25	13.237	0.091
e24	⟷	e26	4.654	0.069
e23	⟷	e31	4.804	-0.028
e23	⟷	e29	5.792	0.076
e21	⟷	e31	7.267	0.032
e21	⟷	e24	8.035	-0.097
e21	⟷	e23	6.148	-0.076
e21	⟷	e22	7.285	0.082
e20	⟷	e19	15.317	0.082
e19	⟷	e18	17.155	0.082
e19	⟷	e21	5.681	0.062
e18	⟷	e33	7.769	-0.045
e18	⟷	e31	6.468	0.029
e18	⟷	e32	5.08	0.03
e18	⟷	e29	5.149	-0.063
e18	⟷	e21	5.33	0.063
e17	⟷	e31	7.036	-0.039
e17	⟷	e18	4.277	0.071
e16	⟷	e33	4.083	0.035
e16	⟷	e21	8.481	-0.085
e15	⟷	e33	6.935	0.043
e14	⟷	e20	5.185	-0.058
e14	⟷	e15	5.114	0.056
e13	⟷	安全文化	4.065	0.047
e13	⟷	e22	4.206	-0.065
e13	⟷	e21	5.534	-0.069

续表 3.3

协方差：	（组号 1	－ 默认模型）		
e13	⟷	e16	6. 145	0. 074
e11	⟷	e27	4. 49	-0. 066
e11	⟷	e23	5. 189	0. 073
e11	⟷	e12	6. 889	-0. 078
e10	⟷	e20	4. 501	0. 064
e10	⟷	e11	18. 562	0. 057
e9	⟷	e29	7. 081	0. 098
e9	⟷	e22	7. 29	0. 105
e9	⟷	e18	4. 375	0. 072
e8	⟷	e30	8. 142	0. 093
e8	⟷	e22	5. 522	-0. 076
e7	⟷	e31	4. 825	0. 025
e7	⟷	e32	4. 238	-0. 026
e7	⟷	e18	5. 454	0. 062
e7	⟷	e13	8. 621	-0. 083
e7	⟷	e10	6. 85	-0. 074
e6	⟷	e26	5. 666	0. 074
e6	⟷	e14	5. 786	-0. 062
e6	⟷	e12	4. 528	0. 064
e6	⟷	e8	4. 435	0. 065
e5	⟷	e33	6. 39	0. 044
e5	⟷	e8	4. 984	-0. 068
e5	⟷	e6	11. 547	-0. 078
e3	⟷	安全管理	8. 986	-0. 06
e3	⟷	e29	5. 664	-0. 066
e3	⟷	e23	4. 206	-0. 06
e3	⟷	e16	8. 747	-0. 081
e3	⟷	e8	5. 434	-0. 066
e3	⟷	e4	6. 627	0. 059
e2	⟷	安全管理	6. 17	0. 052
e2	⟷	e30	6. 219	-0. 078

续表 3.3

协方差：　（组号 1 - 默认模型）				
e2	⟷	e22	5. 728	0. 074
e2	⟷	e20	6. 868	0. 077
e2	⟷	e17	4. 184	-0. 073
e2	⟷	e8	4. 149	-0. 061
e1	⟷	e31	4. 389	-0. 024
e1	⟷	e6	4. 454	-0. 061
e1	⟷	e3	7. 347	-0. 071

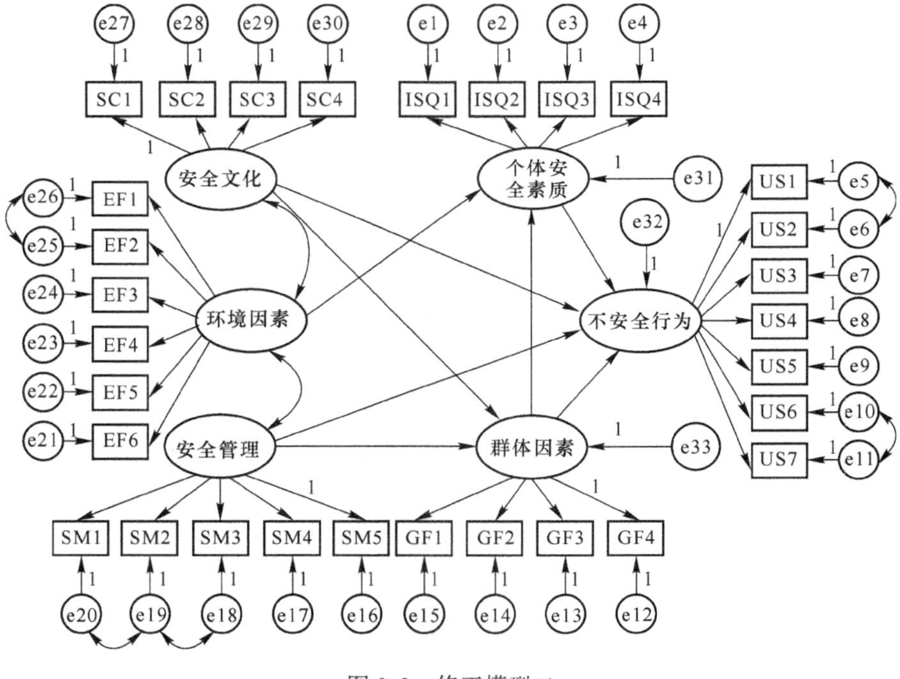

图 3.3　修正模型二

第三步：设定待估计参数，即根据成对参数比较（pairwise parameter comparisons）来判断结构方程内部哪些系数之间没有显著差异。模型的每个参数都对应矩阵中的一个行和列。矩阵中的每一个非对角线项都给出一个统计量，用来检验两个模型参数在总体中相等的假设。如果为参数分配了名称，则这些名称用于标记该矩阵的行和列。如果不是，AMOS 就会自动编名字。矩阵中的值是该值对应的行标与列标的估计值的差值，是标准误差的估计值。当模型正确时，在适当的假设下，如果行标与列标在总体上是相等的，这个临界比率符合标准的正态分布。而修正模型的参考标准为所有临界比率（critical ratio）的绝对值大于 2 为止。通过模型运算结果可知，该模型存在 73 个待估参数，将模型运算输出的矩阵导入 MATLAB，按照 Critical Ratio 绝对值由小到大的顺序依次将没有显著性差异的参数设定成相等。最终得到的修正模型三（见图 3.4）仅剩 15 个待估参数，修正前后所有待估参数的值见附录三。

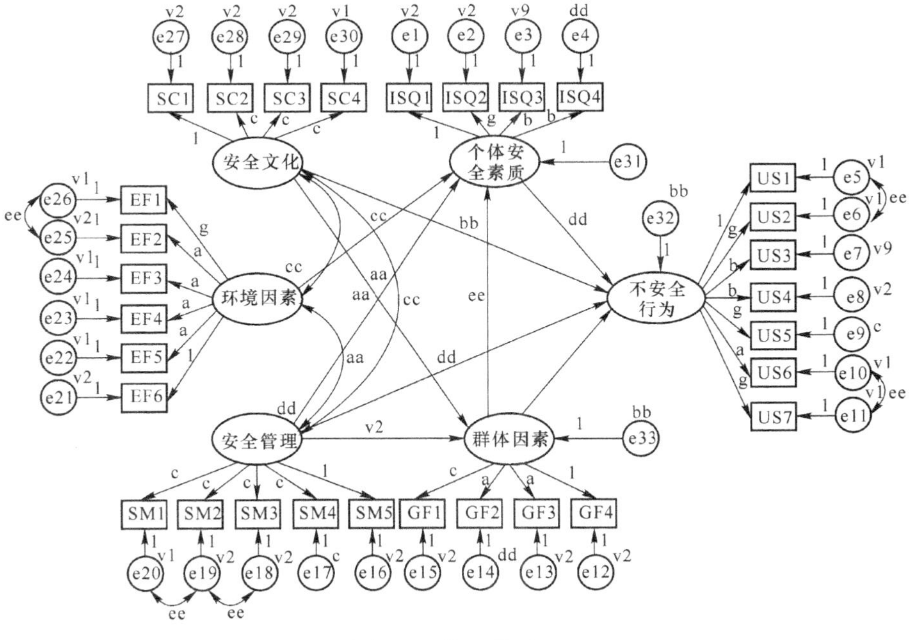

图 3.4　修正模型三

经过以上三步修正，对模型进行最终的运算，得到的输出结果见图 3.5。

模型的具体运算结果见表 3.4，表中只挑选了部分重要的数据，其他的数据见附录。

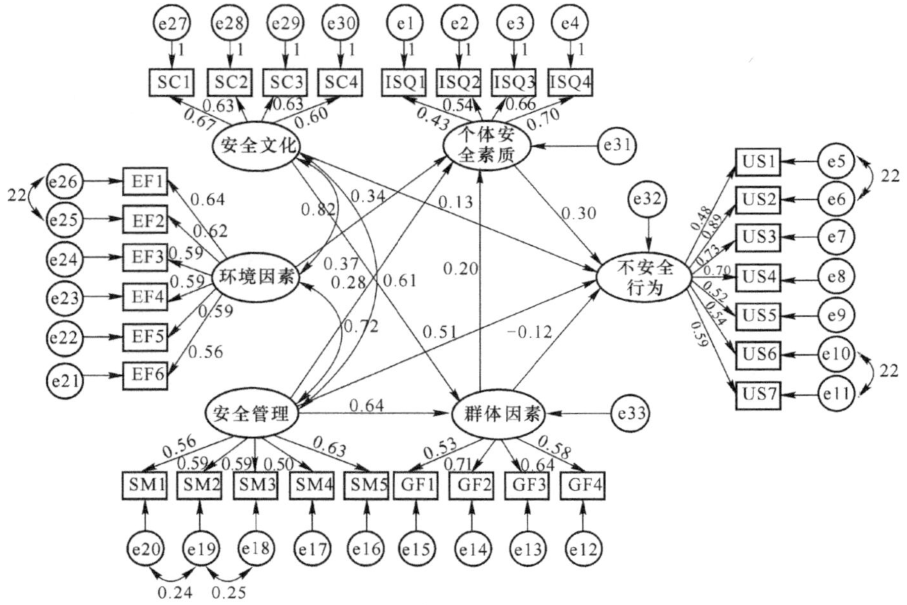

图 3.5　大学生不安全行为影响因素结构方程最终模型

表 3.4　最终模型运算结果

编号	路径	非标准化路径系数	S. E.	C. R.	p	标准化路径系数
H1	群体因素←安全文化	0. 352	0. 032	11. 158	***	0. 416
H2	群体因素←安全管理	0. 421	0. 022	19. 033	***	0. 521
H3	个体安全素质←群体因素	0. 212	0. 026	8. 146	***	0. 285
H4	个体安全素质←环境因素	0. 352	0. 032	11. 158	***	0. 464
H5	个体安全素质←安全管理	0. 080	0. 010	8. 015	***	0. 134
H6	不安全行为←安全文化	0. 080	0. 010	8. 015	***	0. 114
H7	不安全行为←安全管理	0. 352	0. 032	11. 158	***	0. 524
H8	不安全行为←群体因素	0. 161	0. 050	11. 207	***	0. 194
H9	不安全行为←个体安全素质	0. 421	0. 022	19. 033	***	0. 376
H10	安全文化←→安全管理	0. 244	0. 018	13. 333	***	0. 607
H11	安全文化←→环境因素	0. 263	0. 021	12. 840	***	0. 827
H12	环境因素←→安全管理	0. 244	0. 018	13. 333	***	0. 734

相关研究者在文献中先后提出四十多种拟合指数，用于评价和选择模型。参考相关文献，本书主要应用如表3.5所示的拟合指标来检验模型与数据的拟合度。

通过表3.4可以看出该模型的各条路径的C.R.绝对值均大于1.96，p值均具有良好的显著性，模型修正前后具体的拟合指数见表3.5。

表3.5　模型修正前后拟合指数

指标分类	拟合指标	判断值	初始模型	修正模型	结果分析
卡方检验	自由度（df）	—	390	450	—
	卡方值（$\chi2$）	—	819.2	751.7	—
	卡方值与自由度值比值（$\chi2$/df）	<3	2.10	1.67	符合
拟合度指数	适配度指数（GFI）	>0.90	0.896	0.917	符合
	调整后适配度指数（AGFI）	>0.90	0.880	0.903	符合
	正规拟合指数（NFI）	>0.90	0.861	0.864	可接受
替代性指数	比较拟合指数（CFI）	>0.90	0.901	0.927	符合
	渐进残差均方和平方根（RMSEA）	<0.08	0.050	0.045	符合

二、结果分析

通过表3.5可以看出，最终模型的拟合结果很好，达到了分析模型的要求。我们可以通过图3.5与表3.5得到具有较高可信度的结果。

通过分析最终模型的运算结果可知，不安全行为的直接影响因素为个体安全素质、群体因素、安全文化与安全管理，其中安全管理的影响最为显著，标准化路径系数达到了0.51，个体安全素质次之，标准化路径系数为0.30，另外两个影响因素不太显著分别为0.12与0.13；其他系数较高的路径分别为H10（安全文化⟷安全管理）、H11（安全文化⟷环境因素）、H12（环境因素⟷安全管理），标准化路径系数均达到了 0.60，说明安全文化、安全管理与环境因素具有相当高的相关性。这三者或直接或间接地影响了不安全行为，其中安全管理与环境因素对个体安全素质的影响系数为 0.37 与 0.34，对不安全行为的间接影响仍然比较显著。

第四节　结论与启示

行为安全管理是高校预防人因事故的主要管理办法，其重点是预防大学生不安全行为的发生。本章结合前人对于大学生不安全行为影响因素的研究成果，并请教相关专家，构建了大学生不安全行为影响因素指标体系，并根据该体系编制了新的大学生不安全行为影响因素调查问卷，对区域高校大学生进行了调研。另外，本章利用 AMOS 软件将调研数据建成了结构方程模型。通过对模型的修正与分析，可以得到如下结论：

（1）将不安全行为的影响因素划分为个体安全素质、群体因素、安全管理、安全文化与环境因素这 5 个维度是科学合理的，并且可以通过测量表 3.1 中的指标，得到相应的不安全行为水平。

（2）安全文化、安全管理与环境因素为外生潜变量，其中安全文化与安全管理对不安全行为有直接影响，且安全管理影响非常明显；群体因素与个体安全素质属于内生潜变量，对于不安全行为都有直接影响，其中个体安全素质影响比较明显。

（3）安全管理、安全文化与环境因素具有很强的相关性，三者之间相互影响，又直接或间接地影响了不安全行为。

（4）安全管理是所有影响因素中效果最明显的，它不但直接影响了不安全行为，还对其他四个影响因素造成了直接影响。

在今后的大学生不安全行为预防工作中，可以结合以上结论，做出相应的改进，首先加强安全管理是最直接、最有效的手段，具体措施为：健全安全管理制度、提高管理队伍的整体水平、做好安全监督检查与应急预案工作等。

虽然加强安全管理是当务之急，但是从长远的角度考虑，形成一个良好的安全文化才能从根本上减少不安全行为的发生。所以加强安全培训工作，注重思想教育，帮助同学们形成一个良好的安全价值观是我们需要长期坚持的工作。

第四章　高校学生行为安全管理的动力学分析

大学生的行为安全管理是高校人才培养工作的重要内容，行为安全管理的重点是不安全行为的预防。前面章节中已经构建并修正了结构方程模型，得出了不安全行为的五个一级影响因素，本章将进一步分析大学生不安全行为产生的主要影响因素及各因素之间的关系。笔者设计调研问卷在区域高校进行了调研，经系统分析，建立了大学生不安全行为防控系统模型。通过对大学生不安全行为防控的变化趋势进行仿真分析，探寻大学生不安全行为防控的关键影响因子及关键路径，为指导大学生不安全行为防控工作提供理论借鉴和对策建议。

近年来，高校规模不断扩大，高校公共安全事故屡有发生。学生安全始终是社会关注的焦点，有效防控高校公共安全事故的发生是高校安全教育与管理工作面临的一项长期任务。行为安全管理的重点是“不安全行为”，其核心是通过各种方式介入，阻止并消除不安全的行为。根据“海因里希法则”，大学生的不安全行为是高校公共安全事故的主要致因。

通过前文的研究，可以发现高校学生不安全行为的发生是多种影响因素综合作用的结果，而且各个影响因素之间也存在着特定的、复杂的因果关系，各个影响因素又与高校学生不安全行为水平存在非线性、动态的因果关系。要实现有效地控制和减少高校不安全行为，必须对这些影响因素以及影响因素之间的因果关系有清楚而明确的认识，从众多的影响因素中找出导致高校学生不安全行为的深层原因，为后续提出最佳控制策略和方法提供指导，争取从源头上控制和预防高校公共安全事故的发生。

大学生行为安全管理是一项复杂的系统工程，而面对复杂系统，系统动力学表现出了相当强大的分析处理能力。系统动力学是一门分析研究信息反馈系统的结构和行为的科学，同时也是一门认识、解决复杂系统问题的定性与定量方法相结合的学科，它是系统科学和管理科学在沟通自然科学和社会科学等领域的横向学科。系统动力学能够分析影响因素之间的反馈关系、绘制出因果关系图和存流量图，对模型进行检验与调整，确定最终模型并进行仿真。大学生群体及个体不安全行为控制就是一个复杂的非线性、多变量的问题，因此本章运用系统动力学原理来对此问题进行深入分析与研究。

目前，系统动力学在解决与大学生相关的问题中已经得到了广泛的应用。岳嫣然与张淑艳分别利用系统动力学研究了大学生网游成瘾的原因；牛光辉利用系统动力学研究了大学生的就业问题与对策；徐敏利用系统动力学构建了大学生社会主义核心价值观的培育途径；马广水基于系统动力学研究了大学生心理安全预警技术。所以本书基于系统动力学探索建立大学生不安全行为防控系统模型，通过系统仿真分析，探寻大学生不安全行为防控的关键影响因子与关键路径，以期为大学生行为安全管理提供策略建议。

第一节　大学生不安全行为防控影响因素分析

通过请教专家、查阅文献、访问师生等方式，结合前文中对学生不安全行为的分析，经过系统梳理，发现对大学生不安全行为防控的影响主要来自以下五个维度的作用：

一是学生个体因素，其与大学生的不安全行为有着直接的联系。大学生安全意识薄弱，缺乏自我保护意识且法律意识淡薄，容易受到伤害与触犯法律，且大学生的心理承受能力还不足，在面对巨大压力时容易冲动，可能做出不理智的决定；另外，大学生存在的许多不良的生活习惯，是不安全行为滋生的温床。

二是学生群体因素，大学生生活在显著的群体环境中，群体的目标与压力都直接影响了个体的行为。如果群体的安全氛围较差，学习生活在其中的个体就很容易受到影响，很多学生会在从众心理的驱使下，不自觉地做出不安全行为。

三是安全管理因素，提升安全管理水平是学校控制不安全行为可以采取的最直接的手段，学校安全管理水平的高低，直接关系到整个学生群体的安全状态。

四是环境因素，环境因素是不安全行为的主要辅助因素，即海因里希法则中提到的物的不安全状态，其往往与其他因素共同作用形成不安全行为。

五是安全文化，安全文化建设作为提升校园安全管理水平、实现校园本质安全的重要途径，是一项惠及大学生生命与健康安全的工程。目前，安全文化在工程企业中已经得到了广泛认可，为了实现校园的本质安全，高校安全文化的建设工作也是刻不容缓。

综合来看，要实现有效地控制和减少大学生的不安全行为，必须对这些影响因素以及因素之间的作用关系有着清晰而明确的认识，探究不安全行为的发生机理，分析导致大学生不安全行为的深层原因，为探寻最佳控制策略和方法提供指导。

根据以上讨论的五个维度影响因素，对大学生的不安全行为影响因素进行更加深层次的分析，梳理形成大学生不安全行为影响因素指标体系，包括如表 4. 1 所示的 5 个一级影响因素和 24 个二级影响因素。

表 4.1　大学生不安全行为影响因素指标体系

一级影响因素	二级影响因素
个体安全素质	生理素质、安全认知、安全意识、心理素质、不安全行为习惯、自主管理水平
群体因素	群体安全目标、群体安全氛围、群体安全效能感、群体行为规范、群体压力
安全管理	安全管理制度、管理队伍建设、安全监督检查、应急预案
环境因素	校园基础设施、安全防护设施、交通状况、校园周边环境
安全文化	领导重视程度、安全价值观、安全参与程度、教育培训、安全投入

第二节　大学生不安全行为防控系统模型构建

通过对大学生不安全行为影响因素进行深入分析，为系统模型的构建打下了充分的理论基础。接下来按照作用关系分析、建立初始模型、数据收集、运行模型并调整的步骤完成对系统模型的构建。

完成以上的工作后，对模型进行分析，通过调整模型内参数并观察模型运行结果的变化，找到大学生不安全行为防控的关键影响因子及关键路径。

一、影响因素作用关系分析

结合校园实际与此前相关的研究成果，不安全行为受到各种因素的制约难以完全消失，但应致力于以最为有效的方式，减少和控制不安全行为的发生。根据海因里希法则，随着不安全行为的减少，安全事故的发生频率将会相应地降低。通过分析各个影响因素之间的关系，得到以下不安全行为防控的主要反馈回路。

(1) 个体安全素质回路。

个体安全素质→个体不安全行为水平→心理素质→个体安全素质

个体安全素质→个体不安全行为水平→自主管理水平→个体安全素质

(2) 群体安全水平回路。

群体安全水平→个体不安全行为水平→群体压力→群体安全效能感→群体安全水平

群体安全水平→个体不安全行为水平→群体安全目标→群体安全效能感→群体安全水平

群体安全水平→群体安全目标→群体安全效能感→群体安全目标

(3) 安全管理回路。

安全管理水平→个体不安全行为水平→领导重视程度→安全管理制度→安全管理水平

安全管理水平→个体不安全行为水平→应急预案→安全管理水平

(4) 环境安全水平回路。

环境安全水平→个体不安全行为水平→安全投入→安全防护设施→环境安全水平

环境安全水平→个体不安全行为水平→安全投入→校园基础设施→环境安全水平

(5) 安全文化水平回路。

安全文化水平→个体不安全行为水平→领导重视程度→安全文化水平

根据以上回路以及其他影响因素之间的作用关系，确定了如图 4.1 所示的大学生不安全行为防控影响因素因果关系图。

二、系统模型构建

通过图 4.1 可以知道，各个影响因素之间存在着复杂的关系，它们直

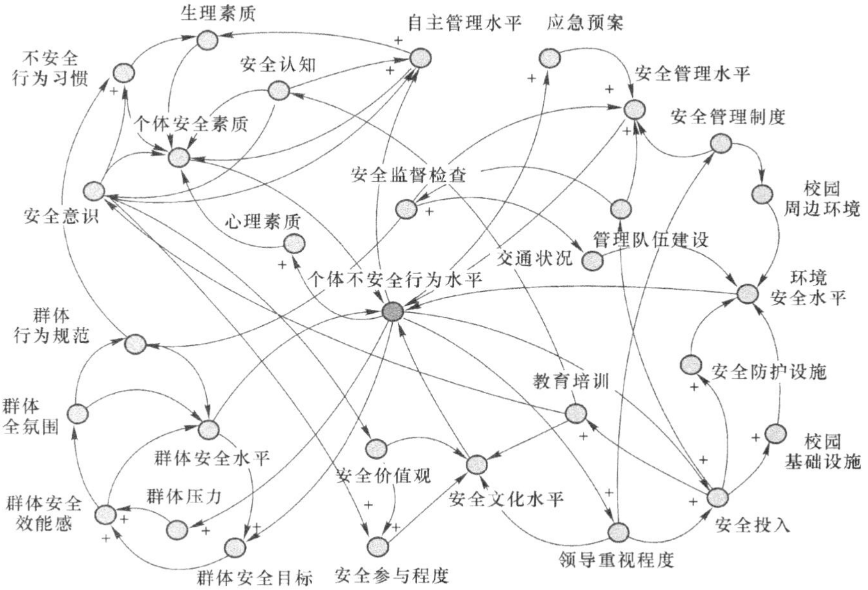

图 4.1　大学生不安全行为影响因素因果关系图

接或间接地作用于不安全行为防控，且作用程度各不相同。在典型事故分析、文献研究和专家访谈的基础上，根据上述影响因素指标体系，设计了现场调研问卷，通过对一定区域范围内高校进行问卷调查，了解受访者对高校校园安全形势及对各因素的认知，并为确定系统模型中各因素权重收集基础数据。为了提高问卷敏感度和区别度，相关变量问项的测量采用了李克特七级量表法，分别为完全没影响、没影响、影响不大、不确定、有点影响、有影响与影响很大，在相关高校发放 2000 份调查问卷。通过对问卷上的数据进行多元线性回归分析，确定各变量之间的函数关系。

结合校园安全管理实际，该模型的仿真步长设定为 1 个月，模型运行时间为 48 个月。运行初始模型并对模型分别进行边界适当性测试与极端条件测试，去除了对结果影响较小的因素——生理素质，得到最终的大学生不安全行为防控系统模型，如图 4.2 所示。

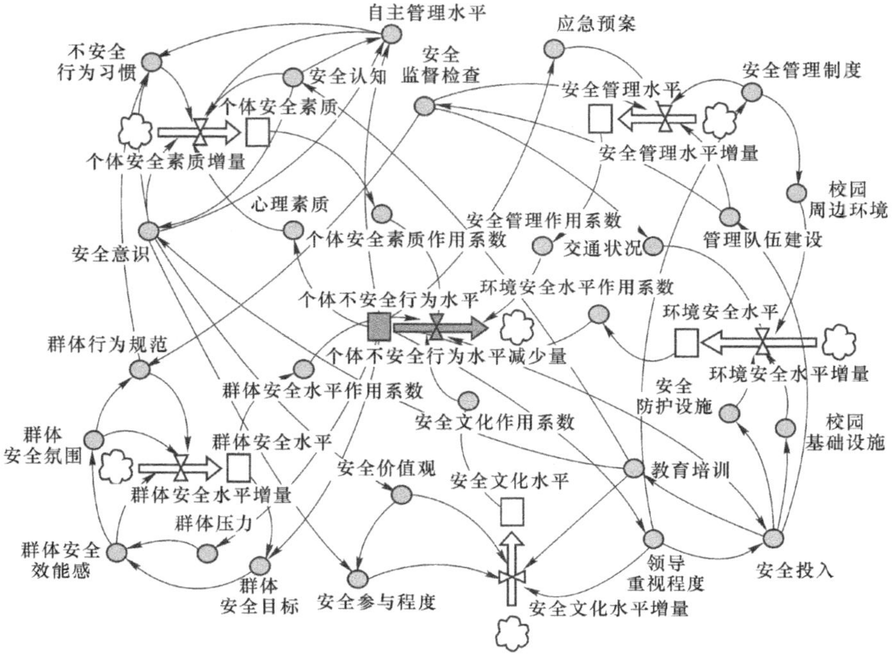

图 4.2　大学生不安全行为防控系统模型

第三节　系统模型仿真

一、初始模型仿真分析

按照初始的干预系数，为模型设定不安全行为水平以及目标，运行模型得到初始的运行结果。模型运行过程中产生的个体不安全行为水平、个体不安全行为水平减少速率、个体安全素质水平、群体安全水平、安全管理水平、环境安全水平以及安全文化水平随着模型运行时间的变化的取值见表 4.2。

表 4.2 初始模型中各变量变化规律统计表

时间	个体不安全行为水平	不安全行为水平下降速度	个体安全素质水平	群体安全水平	安全管理水平	环境安全水平	安全文化水平
0.00	100.00	1.16	3.00	2.50	2.00	2.00	2.50
1.00	98.97	1.69	3.96	2.68	3.47	2.30	3.62
2.00	97.67	2.17	4.90	2.85	4.91	2.60	4.71
3.00	96.09	2.62	5.82	3.02	6.32	2.88	5.79
4.00	94.26	3.01	6.72	3.19	7.69	3.16	6.83
5.00	92.21	3.34	7.58	3.35	9.01	3.44	7.84
6.00	89.94	3.62	8.42	3.51	10.29	3.70	8.81
7.00	87.50	3.83	9.22	3.65	11.51	3.95	9.75
8.00	84.89	3.98	9.98	3.79	12.68	4.19	10.64
9.00	82.15	4.08	10.70	3.93	13.79	4.41	11.48
10.00	79.30	4.12	11.39	4.05	14.84	4.63	12.28
11.00	76.37	4.11	12.04	4.17	15.83	4.83	13.03
12.00	73.37	4.06	12.64	4.28	16.75	5.02	13.74
13.00	70.34	3.98	13.21	4.39	17.62	5.20	14.40
14.00	67.28	3.86	13.74	4.48	18.43	5.36	15.01
15.00	64.23	3.72	14.23	4.57	19.18	5.52	15.59
16.00	61.20	3.57	14.68	4.65	19.88	5.66	16.12
17.00	58.20	3.39	15.10	4.73	20.52	5.79	16.61
18.00	55.25	3.21	15.49	4.80	21.12	5.91	17.06
19.00	52.37	3.02	15.85	4.86	21.66	6.03	17.48
20.00	49.55	2.84	16.18	4.92	22.16	6.13	17.86
21.00	46.82	2.65	16.48	4.98	22.62	6.22	18.21
22.00	44.17	2.46	16.75	5.02	23.05	6.31	18.53
23.00	41.62	2.28	17.01	5.07	23.43	6.39	18.82
24.00	39.17	2.11	17.24	5.11	23.78	6.46	19.09
25.00	36.82	1.95	17.44	5.14	24.10	6.52	19.33
26.00	34.57	1.79	17.63	5.18	24.39	6.58	19.55
27.00	32.42	1.64	17.81	5.21	24.66	6.64	19.76
28.00	30.38	1.51	17.96	5.23	24.90	6.69	19.94

续表 4.2

时间	个体不安全行为水平	不安全行为水平下降速度	个体安全素质水平	群体安全水平	安全管理水平	环境安全水平	安全文化水平
29.00	28.44	1.38	18.11	5.25	25.11	6.73	20.10
30.00	26.60	1.26	18.24	5.28	25.31	6.77	20.26
31.00	24.86	1.15	18.35	5.29	25.49	6.81	20.39
32.00	23.22	1.04	18.46	5.31	25.65	6.84	20.51
33.00	21.67	0.95	18.56	5.33	25.80	6.87	20.63
34.00	20.21	0.86	18.64	5.34	25.93	6.90	20.73
35.00	18.83	0.78	18.72	5.35	26.05	6.92	20.82
36.00	17.54	0.71	18.79	5.36	26.16	6.95	20.90
37.00	16.34	0.64	18.86	5.37	26.26	6.97	20.98
38.00	15.20	0.58	18.91	5.38	26.35	6.98	21.04
39.00	14.14	0.53	18.97	5.38	26.43	7.00	21.10
40.00	13.15	0.48	19.01	5.39	26.50	7.02	21.16
41.00	12.22	0.43	19.06	5.39	26.56	7.03	21.21
42.00	11.35	0.39	19.09	5.40	26.62	7.04	21.25
43.00	10.55	0.35	19.13	5.40	26.67	7.05	21.29
44.00	9.79	0.32	19.16	5.40	26.72	7.06	21.33
45.00	9.09	0.29	19.19	5.40	26.76	7.07	21.36
46.00	8.44	0.26	19.21	5.40	26.80	7.08	21.39
47.00	7.83	0.23	19.24	5.40	26.84	7.09	21.42
48.00	7.26	0.21	19.26	5.41	26.87	7.09	21.44

将表中各变量的变化规律绘制成相关的折线图，如图4.3所示，通过分析分别选择各子系统状态变量，利用系统分析工具条中的数据分析工具，还可以直观地看到子系统各状态变量的水平变化情况，即不安全行为控制系统初始状态仿真各状态变量水平值曲线图，如图4.3所示。

通过图4.3可以发现，在采取干预措施后个体安全素质水平、群体安全水平、安全管理水平、环境安全水平以及安全文化水平均有不同程度的提高，并最终趋于平缓，与个体不安全行为水平的变化状态基本一致。

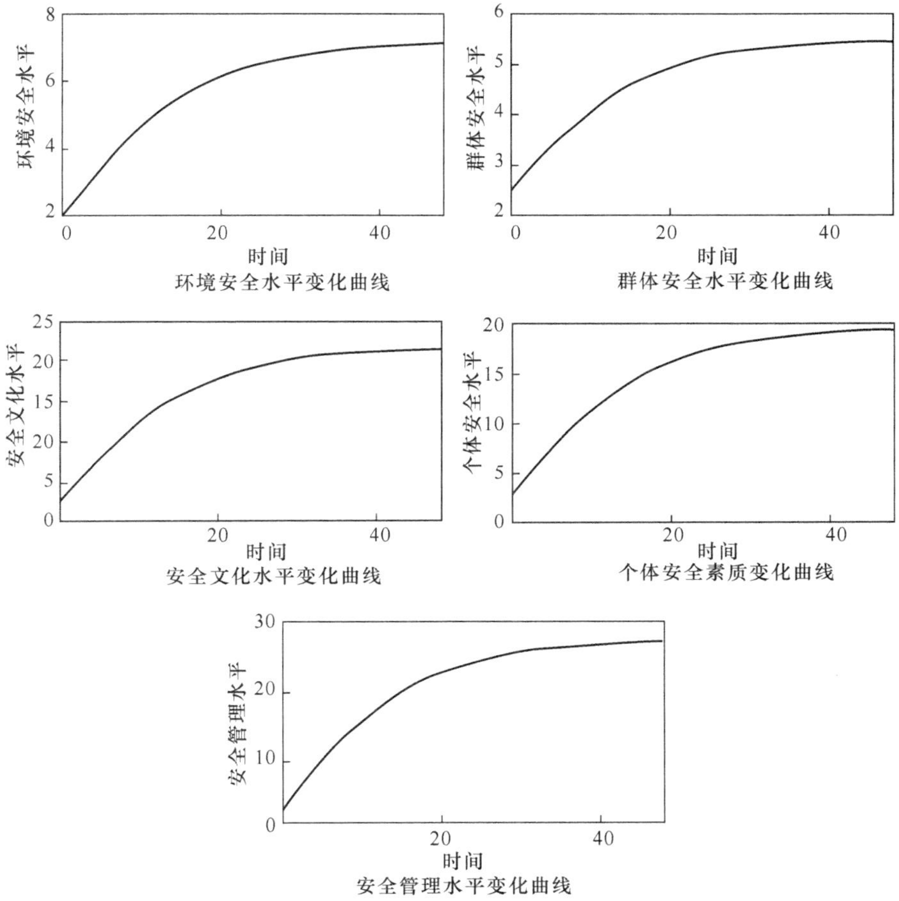

图 4.3　一级影响因素变化规律

二、探寻关键影响因子

关键影响因子是高校学生群体安全系统中的主要影响因素，对高校的安全水平起着非常重要的作用。通过干预这些关键影响因子，可以直接且有效地提高高校整体的安全水平，本章的目的就是通过 SD 模型寻找高校系统中的关键影响因子。

首先，要找到一级影响因素中的关键影响因子，保持其他变量不变，分别对个体安全素质、群体安全水平、安全管理水平、环境安全水平与安全文化水平对个体不安全行为的干预系数进行调整，形成如下调整方案。原始方案：各因子的水平对系统的增加率为初始值；方案一：个体安全素质干预系数增加 0.005；方案二：安全管理水平干预系数增加 0.005；方案三：安全文化水平干预系数增加 0.005；方案四：环境安全水平干预系数增加 0.005；方案五：群体安全水平干预系数增加 0.005。按照此调整方案分别运行模型，得到各子系统系数调整后不安全行为水平变化曲线，如图 4.4 所示。

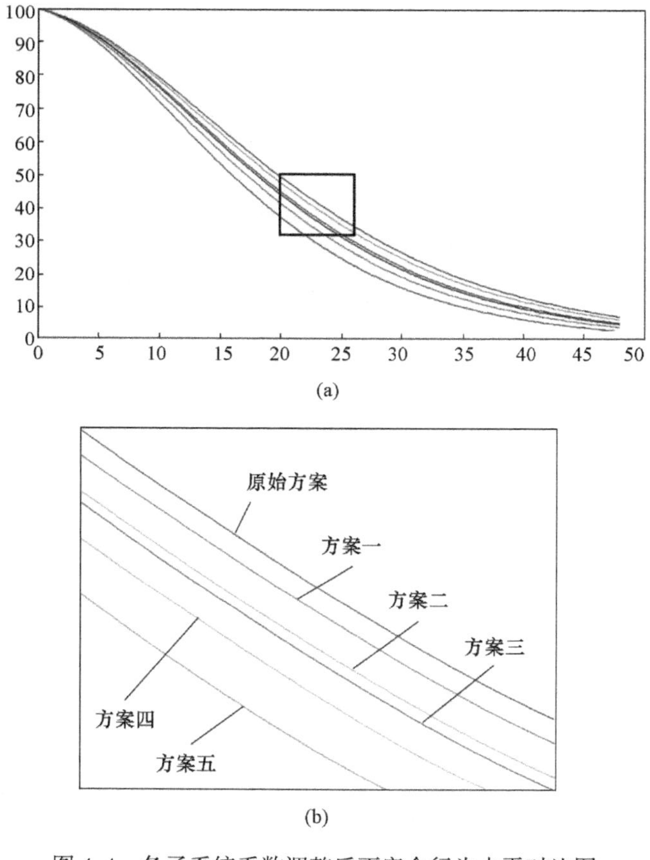

图 4.4　各子系统系数调整后不安全行为水平对比图

（a）原始图形；（b）局部放大图

通过图 4.4 可以直观地看出，同样地调整不同影响因素的干预系数，对降低大学生不安全行为水平的作用程度不同，其中增加群体因素的干预系数效果最为明显。

为寻找群体因素中二级影响因素关键因子，对所有二级影响因素进行了参数敏感性分析，即在其他干预系数不变的情况下，调整某一参数的干预系数，通过个体不安全行为水平的变化情况判断该参数的敏感性。选择步长为 0.006，参数在原始数据的基础上增加的范围为 0.006~0.03，通过对所有的二级影响因素进行参数敏感性分析，发现安全投入、领导重视程度、群体行为规范与群体压力对不安全行为存在明显影响。

在其他干预系数不变的情况下，随着这 4 个影响因素干预系数的提高，个体不安全行为水平发生了明显的变化，尤其是提高安全投入后，个体不安全行为水平下降最为明显。由此可以确定二级影响因素中的关键影响因子为安全投入、领导重视程度、群体行为规范与群体压力。

根据上文确定的关键影响因子，可以推断出个体不安全行为水平的变化过程：学校领导者提高对大学生不安全行为防控的重视程度后，增加相应的安全投入，进而有效提升环境安全水平，即物的不安全状态会明显下降；同时，安全管理人员加强了安全管理工作，学生群体自然会感到压力，进而促使个体规范自己的行为，减少不安全行为的发生。

三、探寻防控关键路径与对策

通过以上仿真，明确了大学生不安全行为防控的关键影响因子，通过提升关键影响因子的干预系数可以更为有效地提升个体不安全行为防控的水平。但在实际管理过程中，当干预系数提高到一定程度，个体不安全行为水平的变化已经不明显；另一方面，随着安全投入的提高，干预系数的变化并不是按照恒定的速率提升，干预系数越高，想要继续增加干预系数，所要付出的人力与物力将会越多。由此，集中地干预某一项影响因素，往往不能有效地开展不安全行为防控，还有可能造成不必要的人财物的浪费。针对不同的影响因素采取不同的干预系数，将不同的干预系数有机组合，即找到不安全行为的防控关键路径，才是推进安全管理的良策。

为了得到最优的干预策略，书中采用了在连续空间迭代寻优的方式，为了描述方便，给出如下定义：一个连续域寻优问题，记作 $F=S(I, d, C)$。其中 F 为最优的干预策略，I 为初始参数的集合，d 为参数的最大变化范围，C 为约束条件。本次寻优过程中 F 为提升的干预系数的总和，I 共包含 23 个参数，d 为 0.01，C 为模型运行结束时个体不安全行为水平，其低于 2。在进行了如图 4.5 所示的 500 次迭代寻优后，最终在第 441 次时找到了最优解，最优解为 $F=0.043$，即干预系数总计提升了 0.043，提升的干预系数分别为领导重视程度提升 0.006，安全投入提升 0.009，群体压力提升 0.007，群体行为规范提升 0.006，自主管理水平提升 0.005，心理素质提升 0.003，安全监督检查提升 0.004，管理队伍建设提升 0.003。

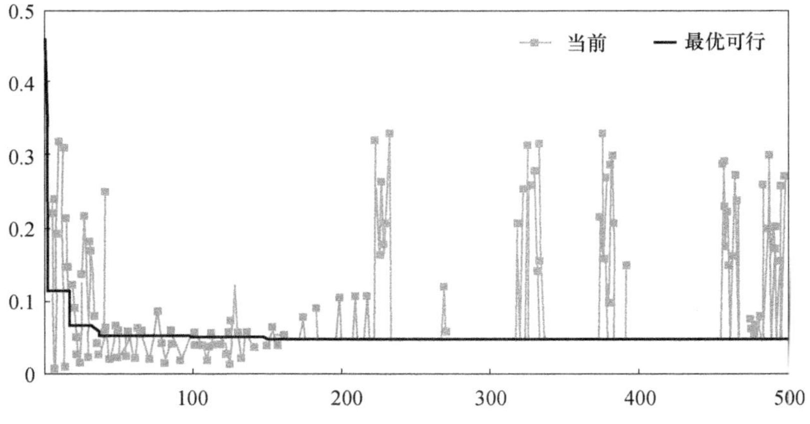

图 4.5　最优干预策略寻优图

也即，不安全行为防控的关键路径为：对领导重视程度、安全投入、群体压力、群体行为规范、自主管理水平、心理素质、安全监督检查以及管理队伍建设采取干预措施。根据这一关键路径，在安全管理工作中可以采取以下策略来尽量减少不安全行为的发生。

（1）学校领导层要加强对安全保障工作的重视程度，“伟大的机构不是管理出来的，而是领导出来的”，只有领导对安全工作予以足够的重视，才能持续地、更为有效地推进学生行为安全管理工作。

（2）增加安全投入，安全投入主要包括人力投入、物力投入与财力投入。结合高校实际情况，切实加强人防、物防、技防建设，加大经费投入，加强管理队伍建设，及时更新安全防护设备，从人财物三方面综合作用，使安全水平得到全面有效的提升。

（3）提高群体安全水平，塑造良好的群体安全行为规范，善于利用群体压力，隐性引导学生调整不安全心理，督促学生形成良好的行为习惯，提高学生思想上的安全意识。群体行为规范程度对个体不安全行为习惯有直接影响，高校应结合正式和非正式的群体安全规范，充分发挥其引导约束作用来提高群体行为安全规范程度，约束与引导群体成员更加自觉地学习安全知识、掌握安全技能、提高安全意识，强化大学生安全行为习惯。

将通过迭代寻优得到的结果带入到SD模型中，各个变量随时间的变化规律见表4.3，并绘制成相应的折线图，与原始模型的运行结果进行对比，得到如图4.6所示的结果。

表4.3 最优干预路径调整后模型运行数据

时间	个体不安全行为水平	不安全行为水平下降速度	个体安全素质水平	群体安全水平	安全管理水平	环境安全水平	安全文化水平
0.00	100.00	1.16	3.00	2.50	2.00	2.00	2.50
1.00	98.57	1.69	3.96	2.68	3.47	2.30	3.62
2.00	96.64	2.17	4.90	2.85	4.91	2.60	4.71
3.00	94.24	2.62	5.82	3.02	6.32	2.88	5.79
4.00	91.42	3.01	6.72	3.19	7.69	3.16	6.83
5.00	88.24	3.34	7.58	3.35	9.01	3.44	7.84
6.00	84.76	3.62	8.42	3.51	10.29	3.70	8.81

续表 4.3

时间	个体不安全行为水平	不安全行为水平下降速度	个体安全素质水平	群体安全水平	安全管理水平	环境安全水平	安全文化水平
7.00	81.03	3.83	9.22	3.65	11.51	3.95	9.75
8.00	77.12	3.98	9.98	3.79	12.68	4.19	10.64
9.00	73.09	4.08	10.70	3.93	13.79	4.41	11.48
10.00	68.99	4.12	11.39	4.05	14.84	4.63	12.28
11.00	64.87	4.11	12.04	4.17	15.83	4.83	13.03
12.00	60.78	4.06	12.64	4.28	16.75	5.02	13.74
13.00	56.75	3.98	13.21	4.39	17.62	5.20	14.40
14.00	52.83	3.86	13.74	4.48	18.43	5.36	15.01
15.00	49.03	3.72	14.23	4.57	19.18	5.52	15.59
16.00	45.39	3.57	14.68	4.65	19.88	5.66	16.12
17.00	41.91	3.39	15.10	4.73	20.52	5.79	16.61
18.00	38.60	3.21	15.49	4.80	21.12	5.91	17.06
19.00	35.49	3.02	15.85	4.86	21.66	6.03	17.48
20.00	32.56	2.84	16.18	4.92	22.16	6.13	17.86
21.00	29.81	2.65	16.48	4.98	22.62	6.22	18.21
22.00	27.26	2.46	16.75	5.02	23.05	6.31	18.53
23.00	24.88	2.28	17.01	5.07	23.43	6.39	18.82
24.00	22.69	2.11	17.24	5.11	23.78	6.46	19.09
25.00	20.66	1.95	17.44	5.14	24.10	6.52	19.33
26.00	18.79	1.79	17.63	5.18	24.39	6.58	19.55
27.00	17.07	1.64	17.81	5.21	24.66	6.64	19.76
28.00	15.49	1.51	17.96	5.23	24.90	6.69	19.94
29.00	14.05	1.38	18.11	5.25	25.11	6.73	20.10
30.00	12.74	1.26	18.24	5.28	25.31	6.77	20.26
31.00	11.53	1.15	18.35	5.29	25.49	6.81	20.39
32.00	10.44	1.04	18.46	5.31	25.65	6.84	20.51
33.00	9.44	0.95	18.56	5.33	25.80	6.87	20.63
34.00	8.54	0.86	18.64	5.34	25.93	6.90	20.73
35.00	7.72	0.78	18.72	5.35	26.05	6.92	20.82
36.00	6.97	0.71	18.79	5.36	26.16	6.95	20.90

续表 4.3

时间	个体不安全行为水平	不安全行为水平下降速度	个体安全素质水平	群体安全水平	安全管理水平	环境安全水平	安全文化水平
37.00	6.29	0.64	18.86	5.37	26.26	6.97	20.98
38.00	5.68	0.58	18.91	5.38	26.35	6.98	21.04
39.00	5.13	0.53	18.97	5.38	26.43	7.00	21.10
40.00	4.63	0.48	19.01	5.39	26.50	7.02	21.16
41.00	4.17	0.43	19.06	5.39	26.56	7.03	21.21
42.00	3.76	0.39	19.09	5.40	26.62	7.04	21.25
43.00	3.40	0.35	19.13	5.40	26.67	7.05	21.29
44.00	3.06	0.32	19.16	5.40	26.72	7.06	21.33
45.00	2.76	0.29	19.19	5.40	26.76	7.07	21.36
46.00	2.49	0.26	19.21	5.40	26.80	7.08	21.39
47.00	2.18	0.23	19.24	5.40	26.84	7.09	21.42
48.00	1.99	0.21	19.26	5.41	26.87	7.09	21.44

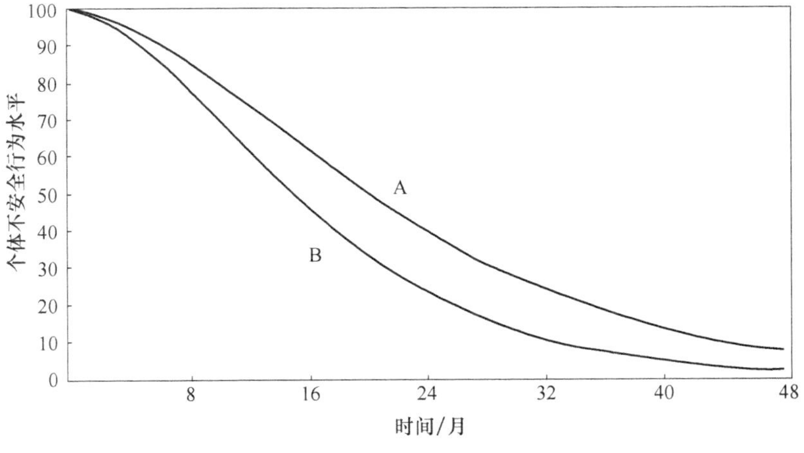

图 4.6　最优干预策略实施前后对比图

通过图 4.6 可以发现，提高相应的干预系数后，个体不安全行为水平有了明显的下降。图中 A 为初始模型运行结果，在模型运行结束时，个体不安全行为水平为 7.864，B 为提升干预系数后的运行结果，最终的不安全行为水平为 1.992，符合寻优的限制条件。说明采用这种干预策略，可以使个体不安全行为水平降到理想值，且各项干预系数均在合理取值范围内。

四、总结分析

高校公共安全事故常常会引起社会大众的广泛关注，究其原因是大学生这一群体的特殊性和社会影响力决定的，加强大学生的行为安全管理工作是预防高校公共安全事故的重要手段，而行为安全管理主要是通过防控不安全行为得以实现。本章分析了大学生不安全行为的一级影响因素与二级影响因素，并结合各影响因素建立了大学生不安全行为防控系统模型，通过对模型进行仿真分析，得到了如下结论：大学生不安全行为的一级影响因素中的关键因子为群体因素，二级影响因素中的关键影响因子为安全投入、领导重视程度、群体行为规范与群体压力，高校安全管理工作的重点应从以上几方面入手。降低大学生不安全行为的最优干预策略为：分别提升领导重视程度、安全投入、群体行为规范、自主管理水平、心理素质、安全监督检查与管理队伍建设。采用这种干预策略可以在最少的干预和投入下，尽可能降低大学生不安全行为水平，有效地实现学生不安全行为防控。

第五章 高校安全事故大数据分析

深入研究高校学生安全事故的发生状况及其影响因素，能为有效预防、监控和干预大学生伤亡事故提供科学的依据。为了印证前文得出的结论和策略的正确性，进一步掌握高校学生安全事故发生状况与其发生的影响因素，结合大学生不安全行为的不同表现形式，对五年内一定区域内的高校校园安全事故的原因进行统计分析，研究大学生不安全行为与校园安全事故的关系，揭示大学生不安全行为与各类校园安全事故的关系，研究安全意识不强、安全知识缺乏、安全技能不够、安全习惯不良等对校园安全的影响程度。

目前，我国有不少学者对高校安全事故的发生情况一级影响因素进行了一系列的研究。例如，王伟等对大学生的不安全行为做了防控模型和矫正研究。林莉萍等对某高校进行了初步探讨，分析了大学生伤害发生的主要原因。

需要指出的是，上述研究都是在传统的方法上进行分析，总结和分析高校安全事故的发生原因，得出结论。本章通过研究校园内各类数据集成方法，利用网络中的舆情信息和计算机中的学生历史数据，研究分析方法，设计分析算法和获取各种规律的技术。面向校园内学生安全问题，利用机器学习中新兴的 AI、深度学习中的神经网络技术以及经典的自然语言处理技术，找出大学生不安全行为发生的背后原因，实现大学生行为安全的预判预警。

第一节　文本数据分析相关理论

一、数据来源

高校学生安全事故主要可以分为以下几项大类：（1）由于学校过错造成的伤害（如高校设施造成的学生受伤的事件，以及高校组织的集体活动中发生的学生受伤事件）；（2）由于学生自己行为不当造成的安全事故（如去海边或者河边游泳发生溺水事件，在宿舍使用不安全电器造成的火灾）；（3）第三方加害造成的伤害事故（如校外人员对学生实施的绑架、勒索和诈骗事故，以及学生之间的打架斗殴事件等人身伤害事故）。

由于高校安全事故的特殊性，以及过去网络媒体的不发达，相关的新闻报道的搜集难度较大。作者利用爬虫技术，从各大新闻门户网站上搜集了2011~2017年间各类高校学生安全事故的新闻报道，主要包括宿舍火灾、绑架事件、诈骗和校园贷等十几类新闻。除此之外，还从各地方新闻网站上搜集了一定数量的新闻报道，总共有大约7000条新闻用于本次实验数据。

二、文本数据概述

语言是表达人的想法以及人与人之间交流的工具，而自然语言处理则是让计算机拥有处理人类语言的能力，从而让计算机能够使用和理解人类的语言。如今，自然语言处理在生活中应用已经很广泛，尤其是苹果的siri，谷歌的Google Assistant和alex，微软的Cortana和小冰。自然语言处理其实是人工智能里面一个非常重要的分支，其他的分支大家也非常了解，比如说计算机视觉、语音，包括机器学习、深度学习，这些都是人工智能的分支，它也常常被叫做计算语言学。它核心的目标就是把人的语言也就是自然语言转换成计算机可以执行的命令。简单来说，就是让计算机读懂人的语言。所以说，NLP 关注的核心其实是语言或者更通俗一点来说是文本。

文本分类是自然语言处理中的最普遍、最常见的一个应用，例如文章分类、邮件分类、用户情感分析等等。传统的文本分类方法的主要流程是人工设计一些特征，从原始文档中提取特征，然后制定分类器，训练模型对文章进行分类，比较经典的特征提取方法如词频法、TF-IDF等。在 2011 年，Collobert 等人的论文证明简单的深度学习框架能够在多种 NLP 任务上超越最顶尖的方法，比如在实体命名识别（NER）任务、语义角色标注任务、词性标注任务上。从此，各种基于深度学习的复杂算法被提出来解决 NLP 难题。

使用传统机器学习方法解决文档分类问题一般运用到下面一些技术：

（1）分词处理。中文任务中，分词是必不可少的，一般使用 jieba 分词，这是工业界的翘楚。有三种分词模式，可以适用不同的任务需求。在分词的同时，jieba 分词还可以判断词性（动词、名词、形容词等）。

（2）词向量技术。顾名思义，即用一个向量的形式表示一个词。机器学习任务需要把任何输入量化成数值表示，然后通过充分利用计算机的计算能力，计算得出最终想要的结果。Google 于 2013 年推出的一个用于获取词向量的开源工具包：word2vec，就是构建了一个多层神经网络，然后在给定文本中获取对应的输入和输出，在训练过程中不断修正神经网络中的参数，最后得到词向量。

（3）特征提取。提取到的特征决定了整个任务的效果好坏，一般在中文任务中常采用 TF-IDF 和 LDA。

1）TF-IDF：词频-逆文档频率。TF 表示词在当前文档里的出现频率，越高表示越重要。但是存在一些无意义的词会高频出现的可能性，如“的”“那个”等词，因此加入 IDF，即考察在整个文档集中，词出现得越多，可能表示词的重要性越低，实现评估词在一个文档集里的重要程度的效果。

2）LDA：可以假设文档集有 T 个话题，一篇文档可能属于一个或多个话题，通过 LDA 模型可以计算出文档属于某个话题的概率。LDA 特征在文档打标签等任务上表现很好。

用词向量解决了文本的表示问题后，深度学习模型的重点是模型的构建和调整参数，解决自动特征提取。LSTM 模型由于拥有记忆能力，在处理文本上表现出色，但是计算量很大，在没有 GPU 加速的情况下，不适合处理大批的数据；GNN 模型在图像分类上表现优异，近年来在文本处理上也大放异彩。并且相对于 LSTM 来说，速度明显提升，且需要的数据量也小。

该项目以文本数据为处理对象，最后主要采用了深度学习中的卷积神经网络（CNN）和自然语言处理中的 LDA 主题分析模型实现高校安全事故新闻的分类与原因分析的工作。

第二节　卷积神经网络（CNN）介绍

一、CNN 简介

（一）人工神经网络

人工神经网络在一定程度上可以将神经网络理解成一个黑盒，我们将特征输入到神经网络这个黑盒中，进行加工，然后输出，再加工，再输出，以上这些步骤是在神经网络内部进行的，经过这些步骤加工出来的代表特征通常只有神经网络自己能够理解。最后，经过多次的黑盒加工后，神经网络对于我们输入的特征有了一定的理解，输出一个最终的结果，比如识别人手写数字的图片。

（二）卷积神经网络（CNN）

卷积神经网络（CNN）是近些年逐步兴起的一种人工神经网络结构，在深度学习的范畴内，是深层次的神经网络。卷积神经网络（CNN）相较于传统的图像处理算法的优点之一在于避免了对图像复杂的前期预处理过程（提取人工特征等），可以直接输入原始图像。随着不断地创新，它也被应用在视频分析、自然语言处理、药物发现等等。近期最火的 AlphaGo，让计算机看懂围棋，同样也运用到了这门技术。

卷积神经网络（CNN）是一种经典的结构。结构如图 5.1 所示：

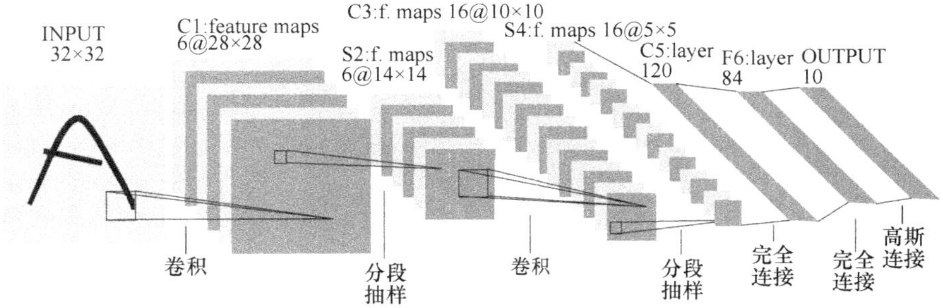

图 5.1　LeNet-5 网络结构

1. 卷积

我们以图像作为输入为例理解一下卷积神经网络（CNN）里的卷积运算。在图像处理中，将图像看成是一个或者多个二维向量（若图像是黑白照片，只有一个颜色；如果是 RGB 表示的彩色图像，则可以表示成三个二维向量），这样，输入神经网络的并不是那些色彩缤纷的图像，而是一堆堆的数字。当神经网络需要处理这么多输入信息的时候，也就是卷积神经网络发挥优势的时候了。

比较容易理解的卷积的方法是将卷积想象成是一个滑动的窗口函数，可以看出，图 5.2 中使用 3×3 的卷积核，将卷积核与矩阵对应的部分逐元素相乘，然后求和。对于卷积的运算如图 5.3 所示。这样，在不改变卷积核权重的情况下，就像拿着一只刷子一样对整个图水平垂直滑动进行卷积运算，这样输出就是经过卷积运算后的输出层。

卷积运算=矩阵元素一一相乘求和=矩阵扁平化为向量后的内积

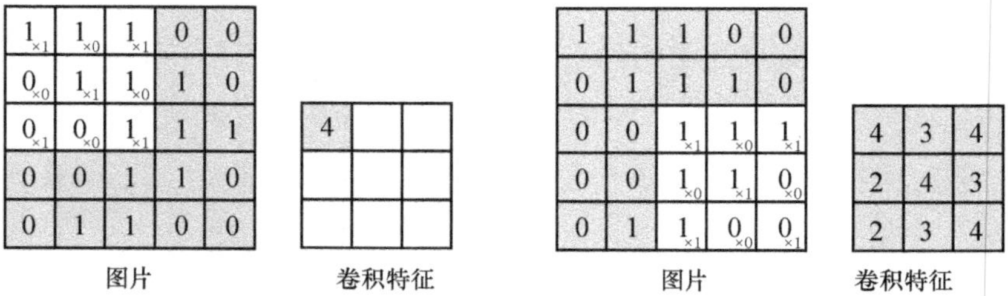

图 5.2　卷积过程示意

$$\begin{bmatrix}1 & 1 & 1\\0 & 1 & 1\\0 & 0 & 1\end{bmatrix}\qquad\begin{bmatrix}1 & 0 & 1\\0 & 1 & 0\\1 & 0 & 1\end{bmatrix}\qquad[1\ 1\ 1\ 0\ 1\ 1\ 0\ 0\ 1]\cdot[1\ 0\ 1\ 0\ 1\ 0\ 1\ 0\ 1]$$

区域的元素的值　　对应的卷积核的权重值

点乘/内积

1x1 + 1x0 + 1x1 + 0x0 + 1x1+ 1x0 + 0x1 + 0x0 + 1x1 = 4

图 5.3　卷积运算

过滤器不断在图片收集小批的像素块，收集完所有信息后，输出一个高度更高，长和宽更小的“图片”，这个图片里就能包含一些边缘信息。然后以同样的步骤再进行多次卷积，将图片的长宽再压缩，高度再增加，就有了对输入图片更深的理解，将压缩、增高的信息嵌套在普通的分类神经层上，我们就能对这种图片进行分类了。

2. 池化（pooling）

在每一次卷积的时候，神经层可能会无意地丢失一些信息。这时，池化就可以很好地解决这一问题。而且池化是一个筛选过滤的过程，能将 layer 中有用的信息筛选出来，给下一个层分析，同时也减轻了神经网络的计算负担。也就是说在卷积的时候，我们不压缩长宽，尽量地保留更多信息，压缩的工作就交给池化了，这样的一项附加工作能够很有效地提高准确性。一般来说，在这一层用 maxpooling，maxpooling 的操作如图 5.4 所示：整个图片被不重叠地分割成若干个同样大小的小块（poolingsize）。每个小块内只取最大值作为采样值，再舍弃其他节点后，保持原有的平面结构得到输出。这样，我们就能得到每个小块中最重要的信息，从而去掉了不必要的冗余信息。

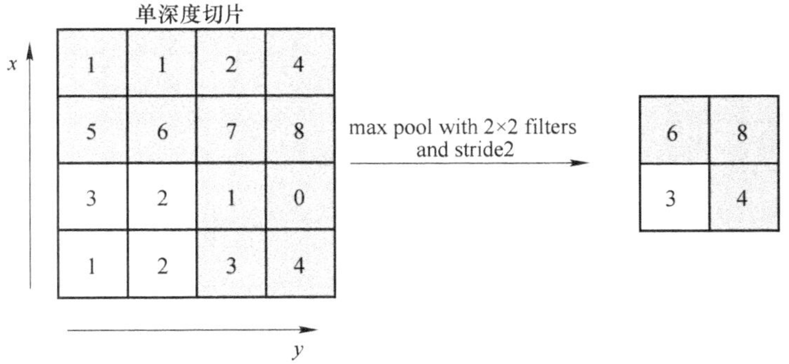

图 5.4　pooling 过程

3. 全连接层

全连接的一个作用是维度变换，尤其是可以把高维变到低维，同时把有用的信息保留下来；另一个作用是分类的显示表达，将样本从特征空间映射到标签，也就是输出我们想要的分类结果。

二、在自然语言处理中的应用

关于 CNN 在自然语言处理中的应用，KimY 的论文 *Convolutional*

neural networks for sentence classification 中表明，有限长度、结构紧凑、能够表达独立意思的句子可以使用卷积神经网络进行分类，实现提取句子中类似 N－Gram 的关键信息，并提出了一个非常简洁的模型——TextCNN，结构如图 5.5 所示（第一个提出将 CNN 应用于自然语言处理中）。该模型的输入是矩阵形式，因此首先是构造矩阵。句子由词构成，深度学习中一般使用词向量，再对句子的长度设置一个固定值（可以是最大长度），那么就可以构造一个矩阵，这样就像一张黑白图片一样，可以应用卷积神经网络（CNN）了。

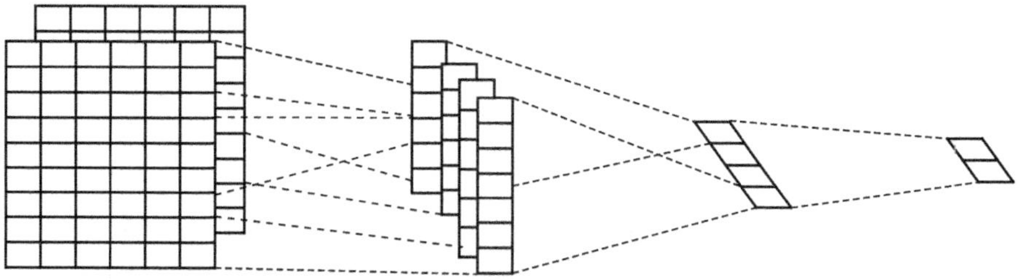

图 5.5　TextCNN 模型结构

这个模型采用拼接词向量的方法，将一个句子表示成为一个矩阵，这里矩阵的每一行表示一个 word，后面的步骤采用多组 filter 来发现多个特征，经过 pooling 层来得到句子最重要的特征向量，然后输出句子的分布概率。

第一层是输入层，是一个 7×5 的句子矩阵，行是词向量，维度 d 是 5，这个可以当作是图像中的原始像素点；第二层是 filter_ size＝（2，3，4）的一维卷积层，且每个 filter 输出两个 channel；第三层是一个 1-max-pooling 层，不同长度的句子在经过 pooling 层后都能变成定长的表示了；最后一层是全连接的 softmax 层，输出文章属于每个类别的概率。

TextCNN 详细过程原理图如图 5.6 所示。

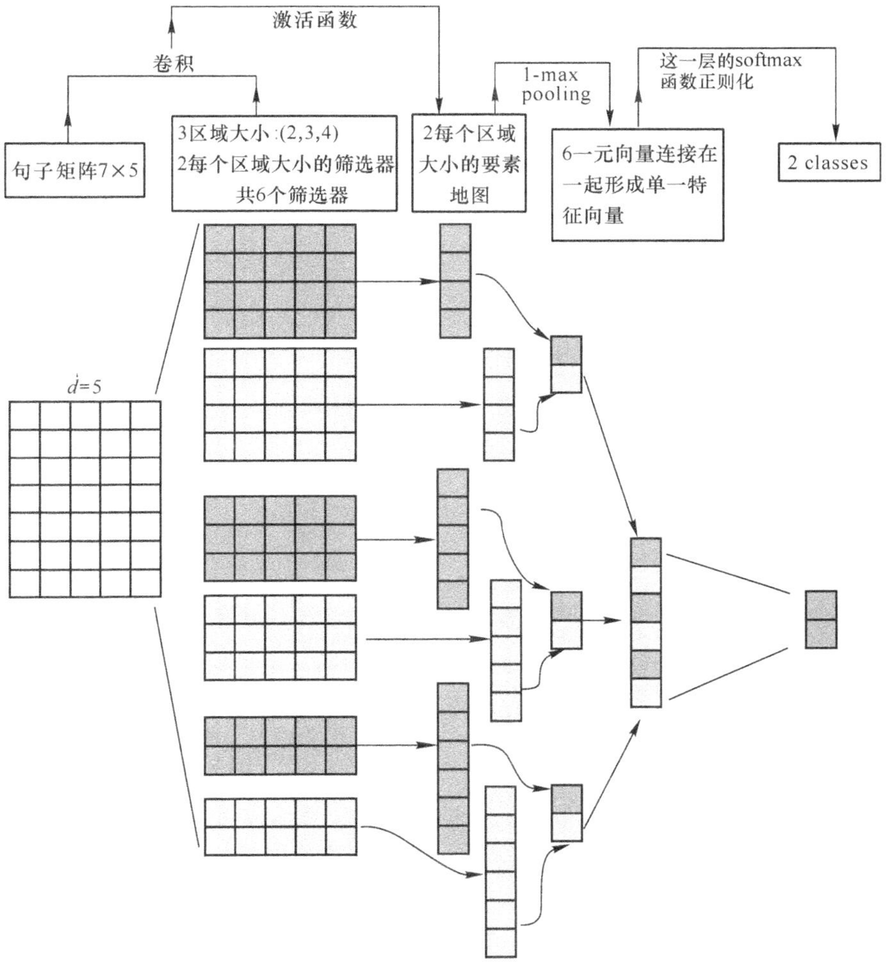

图 5.6 TextCNN 详细过程原理图

第三节 聚类算法概述

一、聚类与分类的区别

聚类通常也称为无监督学习，与监督学习的分类不同，在聚类中表示数据类别的分类或分组信息是没有的。在进行聚类的时候，我们并不关心具体的某一类是什么，只需把相似的东西聚到一起就可以了。

通过两个生活比喻看看什么是监督学习，什么是非监督学习。

回首我们人生最美好的豆蔻年华，那时的我们，少年初长成，结束了小学生涯，步入初中，这个年龄是我们人生中第一个分水岭。初中一年级刚入学时，同学们之间彼此不认识，老师对同学们也都不熟悉。但随着时间的推移，同学们基本上都分成了三五群，回想一下那时的我们，是不是整天玩在一起的同学总是那几个？我们发现，这个过程老师是不参与的，老师不会让同学们分成几组，让哪几个同学经常在一起学习和玩耍。想想这个过程，其实是我们自己辨别和哪些同学合得来的一个过程，这期间我们可能会判断同学的性格、学习成绩、共同爱好与话题、是否和同学家离得很近还能一起上学和回家等等很多的维度因素。时间久了，班级里就会出现不同的几个圈子，这个圈子的数量及细节一开始并没有人知晓，并且这个过程无老师进行监督，因此我们视之为无监督学习。在此我们指出，聚类算法是无监督学习的算法。

初中三年级，因为我们背负着中考的重担，大家都为了自己的理想高中做最后的冲刺努力。设想这样一种情况：为了更好地帮助大家不断提高学习成绩，班主任老师将班级分成了五个互帮互助小组（语文、数学、物理、生物、英语），每个小组十位同学，分别是班级里这几个科目考试成绩最好的前十名同学，为了达到更好的互帮互助效果，每位达到条件要求的同学只能加入一门科目小组，也就是说，如果某位同学有两门或两门以上的科目都排在班级前十名，则班主任老师随机指定其加入某一小组。这样所有同学都可以在互帮互助小组的帮助下更大程度地提升自己的薄弱科目，实现共赢。在此我们可以看到小组的种类、数量都是定义好的，只需要老师指定好各个小组的成员。因此，这样的学习过程是一种监督学习过程，老师给出小组的种类和数量用排名的方式来监督并激励学生学习。在此我们指出，分类算法是监督学习的算法。

总结一下，数据分类是分析已有的数据，寻找其共同的属性，并根据分类模型将这些数据划分成不同的类别，这些数据赋予类标号。这些类别是事先定义好的，并且类别数是已知的。

二、模型训练和文章分类

搭建了多层的 CNN 模型用于新闻报道的分类训练和预测，结构如图 5.7 所示；训练结果如图 5.8 所示，在验证集上的最佳效果为 97.99%，迭代 10 次停止。在测试集上的测试结果如图 5.9 所示，准确率达到了 96.39%，且绝大多数类的 precision，recall 和 f1-score 都超过了 0.9。从混淆矩阵也可以看出分类效果非常优秀。

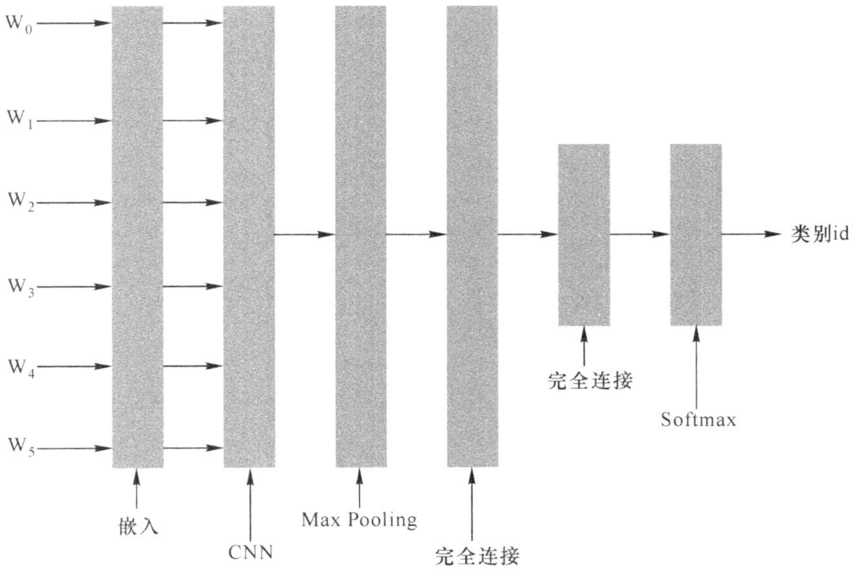

图 5.7　实现的 CNN 结构

可以看出，尽管在大多数类别上的分类效果很好，但是有几个类上完全没有效果。实际上，因为我们需要分类的文本是新闻文本，而新闻具有标题点明文章主要内容的特质，所以可以尝试将需要的新闻文本处理成仅保留新闻标题的格式，这样神经网络接收到的词向量就会密集很多，有利于神经网络的学习与分类。标题模型一和模型二训练结果见图5.10和图5.11。

```
Epoch: 8
Iter:   1200, Train Loss:   0.11, Train Acc:  95.31%, Val Loss:  0.064, Val Acc:  97.13%, Time: 0:06:34
Iter:   1300, Train Loss:  0.081, Train Acc:  96.88%, Val Loss:   0.07, Val Acc:  97.84%, Time: 0:07:08 *
Epoch: 9
Iter:   1400, Train Loss:  0.064, Train Acc:  96.88%, Val Loss:  0.081, Val Acc:  96.26%, Time: 0:07:43
Epoch: 10
Iter:   1500, Train Loss:  0.053, Train Acc:  98.44%, Val Loss:  0.063, Val Acc:  97.99%, Time: 0:08:17 *
Iter:   1600, Train Loss:  0.073, Train Acc:  98.44%, Val Loss:   0.07, Val Acc:  97.56%, Time: 0:08:51
```

图 5.8　CNN 模型训练结果

```
Testing...
Test Loss:  0.074, Test Acc:  96.39%
Precision, Recall and F1-Score...
/Users/amoism/Projects/Python-projects/CNN_text_Classificat
d F-score are ill-defined and being set to 0.0 in labels w:
  'recall', 'true', average, warn_for)
             precision    recall  f1-score   support

   交通事故       0.94      1.00      0.97        15
     绑架       0.00      0.00      0.00         0
     其他       1.00      1.00      1.00        40
     传销       0.00      0.00      0.00         0
     猝死       0.96      0.99      0.98       100
   就业安全       1.00      1.00      1.00       100
     溺水       1.00      0.88      0.93        16
    校园贷       1.00      1.00      1.00       100
     性侵       1.00      0.84      0.91       100
     诈骗       1.00      0.96      0.98        99
   自残自杀       0.00      0.00      0.00         0
     火灾       1.00      1.00      1.00        67

avg / total       0.99      0.96      0.98       637

Confusion Matrix...
[[ 15   0   0   0   0   0   0   0   0   0   0   0]
 [  0   0   0   0   0   0   0   0   0   0   0   0]
 [  0   0  40   0   0   0   0   0   0   0   0   0]
 [  0   0   0   0   0   0   0   0   0   0   0   0]
 [  1   0   0   0  99   0   0   0   0   0   0   0]
 [  0   0   0   0   0 100   0   0   0   0   0   0]
 [  0   0   0   2   0   0  14   0   0   0   0   0]
 [  0   0   0   0   0   0   0 100   0   0   0   0]
 [  0  14   0   0   1   0   0   0  84   0   1   0]
 [  0   0   0   1   3   0   0   0   0  95   0   0]
 [  0   0   0   0   0   0   0   0   0   0   0   0]
 [  0   0   0   0   0   0   0   0   0   0   0  67]]
Time usage: 0:00:02
```

图 5.9　测试结果

```
Epoch: 8
Iter:   1300, Train Loss: 0.063, Train Acc: 96.88%, Val Loss: 0.26, Val Acc: 92.00%, Time: 0:06:43 *
Iter:   1400, Train Loss: 0.056, Train Acc: 96.88%, Val Loss: 0.23, Val Acc: 92.26%, Time: 0:07:13 *
Epoch: 9
Iter:   1500, Train Loss: 0.023, Train Acc: 98.44%, Val Loss: 0.22, Val Acc: 92.86%, Time: 0:07:44 *
Iter:   1600, Train Loss: 0.047, Train Acc: 98.44%, Val Loss: 0.23, Val Acc: 92.35%, Time: 0:08:15
Epoch: 10
Iter:   1700, Train Loss:  0.18, Train Acc: 92.19%, Val Loss: 0.24, Val Acc: 92.52%, Time: 0:08:48
Iter:   1800, Train Loss:  0.04, Train Acc: 98.44%, Val Loss: 0.19, Val Acc: 93.12%, Time: 0:09:19 *
```

图 5.10　标题模型一训练结果

```
Testing...
Test Loss:   0.26, Test Acc:  94.32%
Precision, Recall and F1-Score...
             precision    recall  f1-score   support

    交通事故      0.99      0.98      0.98        94
      绑架      0.92      0.93      0.92        99
      其他      0.94      1.00      0.97        96
      传销      0.96      1.00      0.98        99
      猝死      0.93      0.98      0.96        98
    就业安全      0.99      1.00      1.00       100
      溺水      0.95      0.99      0.97        99
     校园贷      0.97      0.98      0.97        96
      性侵      0.84      1.00      0.91        99
      诈骗      0.99      0.91      0.95        96
    自残自杀      0.86      0.54      0.66        93
      火灾      0.97      1.00      0.98        92

avg / total       0.94      0.94      0.94      1161

Confusion Matrix...
[[ 92   0   0   0   0   0   0   0   0   0   0   2]
 [  0  92   1   0   1   0   0   0   5   0   0   0]
 [  0   0  96   0   0   0   0   0   0   0   0   0]
 [  0   0   0  99   0   0   0   0   0   0   0   0]
 [  0   0   0   0  96   0   0   0   0   0   2   0]
 [  0   0   0   0   0 100   0   0   0   0   0   0]
 [  0   0   0   0   0   0  98   0   0   0   1   0]
 [  0   0   0   0   0   0   0  94   0   0   2   0]
 [  0   0   0   0   0   0   0   0  99   0   0   0]
 [  0   2   0   3   1   0   0   0   0  87   3   0]
 [  1   6   5   1   5   1   5   3  14   1  50   1]
 [  0   0   0   0   0   0   0   0   0   0   0  92]]
Time usage: 0:00:02
```

图 5.11　标题模型二训练结果

只采用新闻标题进行训练得到的网络模型二在验证集的正确率不如采用新闻整体内容作为训练集得到的网络模型一高，但是在测试集上的效果要好于模型一，能够较为准确地将各类新闻识别分类出来。说明仅使用标题作为数据进行训练更合适些。

三、原因分析

采用部分校园火灾新闻做实验，实验的结果如图 5.12 所示，预估火灾发生的原因有四种，可以发现火灾的发生原因主要是用电安全问题和消防设备的问题，并且能看出新闻并非都是报道事故，也有关于火灾的预警系统报道。

```
*Topic 0
-学生 使用 宿舍 火灾 热得快 电器 学校
*Topic 1
-火灾 消防  消防安全 逃生 进行 来源 10
*Topic 2
-起火 学生 火灾 记者 来源 发生 现场
*Topic 3
-高校 大学 技术 武汉 系统 湖北 中国
```

图 5.12　事故原因分析结果

对于这种不太理想的实验结果，可能是在一条完整的新闻报道中，有关事故发生原因的句子仅仅只有几句话，在 LDA 的模型中所占的权重太小，所以不能准确地找到事故发生的原因是什么。未来在进一步精准检索关键字、优化实验模型后，结果应该会得到明显提升。

因为在找寻原因方面的效果不够理想，所以将文章中表示新闻原因的句子全部选择出，通过对这些集中表达新闻原因的句子进行进一步的分析，可能会得到更好的效果。

对语料进行进一步的加工之后，进行了进一步的实验，实验结果如下：

输出主题中的前 5 个关键词：

＊Topic　0

–起火调查中火灾事故调查中爆炸调查中放火学生听说好像学生点着消防部门起火调查

＊Topic　1

–起火进：调查中调查之中摄据太原市公安局消防支队 18 日夜间消息 2017 年月 18 日 20 时 11 分太原市公安消防支队 119 指挥中心接到报警位于太原市尖草坪区中北大学科研楼失火支队调集力量组织扑救 22 时 15 分扑灭发现人员伤亡过火面积约 200 平米进一步调查中各方声音学生学校配套设施齐全一名透露姓名研究生称学生选择大功率电器学校配套设施齐全学生生活学习不便受损情况盐城消防部门调查之中

＊Topic　2

–消防部门消防部门起火展开调查核实　起火事故调查中　专家分析指出导致火源隐患两点　信息课学生紧急疏散人员被困伤亡进一步调查中

＊Topic　3

–进一步调查中起火财产损失进一步调查核实之中学校部门第一时间疏散围观人群次生危害发生起火尚未查明调查中全国发生高校分析不难发现首当其冲用电引发

可以看出，对语料进行进一步的细化处理后，效果好了很多，可以比较明确地得到火灾发生的原因，例如主要是用电不当和不小心点火。

对其他几类新闻进行一一实验后，发现效果都比未处理之前的效果要好，可以较为清晰明了地得到各类事件的主要发生原因。当然，这样也存在相应的问题，即由于是新闻报道，不可避免地会有重复性的新闻内容，因此原因中可能会存在某一具体事件的原因。

第六章　本书研究意义、结论与启示

第一节　研究意义

大学生安全问题一直是被国家、社会各个层面认为应该给予高度重视的问题。大学生具有的活动范围广、年轻好动、性格冲动、不成熟等特性容易导致各类安全事故。高校校园常发生的事故类型及原因汇总表如表 6.1 所示。

表 6.1　高校校园常发生的事故类型及原因

事故类型	原因总结
火灾	1. 学生违规使用电器； 2. 学生在宿舍内使用明火（打火机、蜡烛等）
溺水	1. 失足落水导致溺水死亡； 2. 游泳时突发抽筋，导致溺水死亡
猝死	1. 过度劳累； 2. 先天性疾病
传销	1. 被好友骗入传销窝点； 2. 被洗脑，主动进行传销
性侵	1. 聚餐喝酒后熟人作案； 2. 被高校老师胁迫，被侵犯； 3. 被社会人士劫色
被诈骗	1. 涉世未深，社会经验不足； 2. 贪图小便宜
校园贷	1. 贪慕虚荣，消费水平过高，开始使用各类校园贷； 2. 网络平台机构做不诚实宣传、虚假宣传，告诉学生贷款便宜； 3. 被诱骗使用校园贷

续表 6.1

事故类型	原因总结
自残自杀	1. 深陷校园贷、裸贷，无力偿还进而自杀； 2. 情感因素（爱情、亲情）自杀； 3. 学业压力（学校处分、留级、无法毕业）； 4. 精神疾病（抑郁症等）自杀
就业安全	1. 工作环境危险； 2. 学生缺乏一定的自我保护意识； 3. 用人单位缺乏社会责任感
交通事故	1. 校内机动车肆意穿行； 2. 不遵守交通规则（横穿马路、闯红灯）； 3. 意外事故

人既是一切生产系统最重要的构成要素，同时也是系统安全最重要的决定因素和最根本的因素，研究人的行为对根本性改善安全绩效和提升安全管理水平，具有极为重要的实践应用价值和学术理论价值。

学生作为校园的最重要的组成部分，作为国家和社会未来的栋梁，对其不安全行为的研究有着更深刻的意义。降低校园安全事故发生率，保证校园安全，维护学生的健康成长是我们每一个人的责任，通过本书的分析讨论可以有针对性地提出比较具体的对策和建议。

随着科学技术的进步和人类安全科学知识的不断丰富，人类行为安全的研究有必要与时俱进地得到研究和深化，例如，随着先进的自动化控制系统和 IT 产业的兴起，与此有关的行为在原有的人的不安全行为的界定和分类中并没有定义；再如，随着心理学、行为学、生理学、管理学等科学理论研究的不断深入以及从业人员文化素质、素养的提高，原有粗放型控制人的行为的方法渐趋落后，如何能激发人自身的潜能和心理因素，最大限度地实现人们由不安全的行为向安全行为的转变等，便变得无比的必要和紧迫。本书针对以上问题进行研究，具有非常重要的意义。

第二节 结论与启示

本书以安全科学理论和系统分析方法为研究基础，运用结构方程模型、系统动力学方法及其仿真软件，对目前我国高校学生不安全行为影响因素进行了全面深入的分析，系统地开展了高校学生不安全行为控制模型和方法研究。主要成果及结论如下：

（1）设计了完善的高校学生不安全行为调查问卷，完成了高校现场调查，得到有效问卷1800余份，并对问卷数据进行了详细分析，为影响因素结构方程模型实证分析和系统动力学影响因子间函数关系的确立提供数据支撑。

（2）建立了全面、系统的高校学生不安全行为影响因素指标体系，并构建了高校学生不安全行为影响因素结构方程模型，验证了影响因素指标体系五个维度之间存在显著关系，以及它们对高校学生不安全行为的显著影响；进行了影响因素对高校学生不安全行为的效应分析。

（3）建立了高校学生群体安全行为系统动力学模型，开展了全面、系统的仿真研究，得出高校学生群体安全行为在不同因素影响下的发展、转化趋势及转化程度，探讨了高校学生群体安全行为的形成机理；研究提出了提升高校学生群体安全水平的关键因素及最佳路径；从领导提高重视程度与增加安全投入相结合，提高群体压力与群体行为规范程度相结合等方面提出并仿真分析了群体安全水平分时段组合干预策略。

（4）探索了大学生不安全行为防控的大数据分析。随着网络技术和移动设备的快速发展和普及，众多学生利用校园局域网和校园 Wi-Fi，通过手机和其他各种移动电子设备上网，在校园网络服务器上产生并存储了大量浏览信息、留言数据、通信数据和上网日志等海量数据，由于数据量日积月累，数据类型丰富多样（包含文本、声音、图像、视频、社交网络等），因此这些数据可归为大数据的范畴。这些数据中可能隐藏着关于学生学习、日常行为、思想动态等趋势和规律。随着大数据挖掘技术的发展进步，大数据技术已经成为进行有效信息获取和分析的重要方式，可以应用到高校校园安全管理工作中。

目前，大数据技术在高校学生管理中已经开始应用，尤其是在学生的日常管理与校园服务、思想政治教育、专业课程教学和产学合作等领域。然而，尽管在学生不安全行为监测等方面已经有相应的信息化技术在使用，但对监测数据的分析还处于起步阶段。大数据技术利用网络舆情信息和学生历史数据，可以分析出与学生安全相关的各种规律和知识，适用于大学生不安全行为防控研究。在未来进一步的研究和探索中利用保存在计算机中的数据和网络上的信息，进行关联分析或者分类预测，研究获取问题的起因与规律，或能够适用于更多的领域。

附　　录

附录一：研究调查问卷

大学生不安全行为影响因素调查问卷

敬爱的先生/女士：

非常感谢您抽出宝贵的时间填写本问卷。本调查不记名，调查结果仅用于学术研究，请您放心作答。

调查题目划分为 5 个部分，请不要漏题，请您务必在通览本部分题目后再作答，对题干信息进行对比，分层次作答，也即：不要过于集中于“非常大”等个别选项。

本问卷全部为选择题，回答没有对错好坏之分，有些题目你可能从未思考过，或者感到不太容易回答。对于这样的题目，同样请您做出一种倾向性的选择。

再次感谢您的支持和协助！

个体安全素质	1. 你认为提高身体素质对于提升个体安全素质有多大影响？ A. 非常大　B. 比较大　C. 一般 D. 比较小　E. 非常小 2. 你认为减少吸烟、酗酒、网瘾等不良嗜好对提升个体安全素质有多大影响？ A. 非常大　B. 比较大　C. 一般 D. 比较小　E. 非常小

个体安全素质	3. 你认为学习生活中的压力对于学生做出不安全行为的影响程度如何？ A. 非常大　B. 比较大　C. 一般 D. 比较小　E. 非常小 4. 你认为控制好自己的情绪对于预防不安全行为的发生会产生多大的影响？ A. 非常大　B. 比较大　C. 一般 D. 比较小　E. 非常小 5. 你认为随着掌握安全知识量的增加，对于避免安全事故会产生多大的影响？ A. 非常大　B. 比较大　C. 一般 D. 比较小　E. 非常小 6. 你认为随着学生对于周围的安全状况认知度的提升，对于避免一些安全事故会产生多大的影响？ A. 非常大　B. 比较大　C. 一般 D. 比较小　E. 非常小 7. 你认为学生的生活习惯对于做出一些不安全行为会产生多大的影响？ A. 非常大　B. 比较大　C. 一般 D. 比较小　E. 非常小
环境因素	1. 你认为改善学校周边的安全状况，对于提升学校的安全水平会产生多大的影响？ A. 非常大　B. 比较大　C. 一般 D. 比较小　E. 非常小 2. 你认为改善校内的交通状况，对于提升学校的安全状况会产生多大的影响？ A. 非常大　B. 比较大　C. 一般 D. 比较小　E. 非常小 3. 你认为提升学校室外设施（楼房外墙、篮球场、健身器材等）的安全性，对于减少学生受伤事故会产生多大的影响？ A. 非常大　B. 比较大　C. 一般 D. 比较小　E. 非常小 4. 你认为提升学校室内设施（用电设施、用水设施、实验器材等）的安全性，对于减少学生受伤事故会产生多大的影响？ A. 非常大　B. 比较大　C. 一般 D. 比较小　E. 非常小

环境因素	5. 你认为提升校医院的综合水平，对于避免一些安全事故的发生会产生多大的影响？ A. 非常大　B. 比较大　C. 一般 D. 比较小　E. 非常小 6. 你认为完善学校的安全防护设施（消防设施、安全标识、应急通道等），对于减少安全事故的发生会产生多大影响？ A. 非常大　B. 比较大　C. 一般 D. 比较小　E. 非常小
群体因素	1. 你认为与你关系密切的群体（班级、学生组织等），提升其中的人际关系和谐程度，会对该群体安全状况的提升产生多大的影响？ A. 非常大　B. 比较大　C. 一般 D. 比较小　E. 非常小 2. 你认为与你关系密切的群体，随着内部成员对不安全行为的重视程度的提高，对该群体的安全状态会产生多大影响？ A. 非常大　B. 比较大　C. 一般 D. 比较小　E. 非常小 3. 你认为随着违反校规校纪行为的减少，对于不安全行为的减少会产生多大影响？ A. 非常大　B. 比较大　C. 一般 D. 比较小　E. 非常小 4. 你认为与你关系密切的群体中的成员，如果每个成员对于保障自身安全充满信心，那么该群体的安全状态会受到多大的影响？ A. 非常大　B. 比较大　C. 一般 D. 比较小　E. 非常小
安全管理	1. 你认为学校关于保障人身安全的条文条例与不安全行为之间的关系如何？ A. 非常大　B. 比较大　C. 一般 D. 比较小　E. 非常小 2. 你认为随着学校对于安全责任划分的逐渐完善，安全状况会受到多大影响？ A. 非常大　B. 比较大　C. 一般 D. 比较小　E. 非常小 3. 你认为学校采取一些对于不法信息（传销、诈骗等）的防控措施，对于减少学生上当受骗会产生多大的影响？

安全管理	A. 非常大　B. 比较大　C. 一般 D. 比较小　E. 非常小 4. 你认为完善学校内的监控系统对于提升学校安全状况会产生多大的影响？ A. 非常大　B. 比较大　C. 一般 D. 比较小　E. 非常小 5. 你认为学校提升对于违禁物品、违纪行为的检查监管力度，对于改善学校安全状况会产生多大的影响？ A. 非常大　B. 比较大　C. 一般 D. 比较小　E. 非常小 6. 你认为学校的应急预案（消防演练等）的完善程度，对于预防安全事故会产生多大的影响？ A. 非常大　B. 比较大　C. 一般 D. 比较小　E. 非常小 7. 你认为校领导对于安全工作的重视程度与学校的安全状况之间的关系怎样？ A. 非常大　B. 比较大　C. 一般 D. 比较小　E. 非常小 8. 你认为提升学校安全管理人员的素质与能力，对于改善学校的安全状况会产生多大影响？ A. 非常大　B. 比较大　C. 一般 D. 比较小　E. 非常小
安全文化	1. 你认为进行安全教育培训工作，对于减少不安全行为的发生会产生怎样的影响？ A. 非常大　B. 比较大　C. 一般 D. 比较小　E. 非常小 2. 你认为帮助学生树立良好的安全价值观，对于预防安全事故会产生多大的影响？ A. 非常大　B. 比较大　C. 一般 D. 比较小　E. 非常小 3. 你认为提升学生对于安全工作的参与度，对于减少自身的不安全行为会产生多大的影响？ A. 非常大　B. 比较大　C. 一般 D. 比较小　E. 非常小

安全文化	4. 你认为多给同学们传播一些高校安全事故的新闻消息，对于减少自身不安全行为会产生多大的影响？ A. 非常大　B. 比较大　C. 一般 D. 比较小　E. 非常小

你认为如果学校结合你所填调查问卷，采取相应的整改措施，以下安全事故受影响程度如何？

1. 交通事故

A. 影响非常大　B. 影响比较大　C. 一般

D. 影响比较小　E. 影响非常小

2. 校园暴力事故

A. 影响非常大　B. 影响比较大　C. 一般

D. 影响比较小　E. 影响非常小

3. 消防事故

A. 影响非常大　B. 影响比较大　C. 一般

D. 影响比较小　E. 影响非常小

4. 踩踏事故

A. 影响非常大　B. 影响比较大　C. 一般

D. 影响比较小　E. 影响非常小

5. 心理崩溃（无法承受压力、失恋等而做出不安全行为）

A. 影响非常大　B. 影响比较大　C. 一般

D. 影响比较小　E. 影响非常小

6. 不良生活习惯而造成身体损伤（吸烟、酗酒、网瘾等）

A. 影响非常大　B. 影响比较大　C. 一般

D. 影响比较小　E. 影响非常小

7. 因不安全性行为而产生不良后果

A. 影响非常大　B. 影响比较大　C. 一般

D. 影响比较小　E. 影响非常小

8. 医疗事故（就医不及时、诊断失误等）

A. 影响非常大　B. 影响比较大　C. 一般

D. 影响比较小　E. 影响非常小

9. 误入传销组织或者受到网络诈骗等

A. 影响非常大　B. 影响比较大　C. 一般

D. 影响比较小　E. 影响非常小

10. 教学活动事故（实验、实习等过程中受伤）

A. 影响非常大　B. 影响比较大　C. 一般

D. 影响比较小　E. 影响非常小

11. 其他意外情况（运动受伤、触电、烫伤、校内施工被波及等）

A. 影响非常大　B. 影响比较大　C. 一般

D. 影响比较小　E. 影响非常小

附录二：结构方程模型输出结果汇总

附表1　回归加权统计表

路径			非标准化路径系数	S. E.	C. R.	P	Label	标准化路径系数
群体因素	←	安全文化	0. 217	0. 013	16. 425	***	aa	0. 280
群体因素	←	安全管理	0. 550	0. 011	51. 900	***	v2	0. 637
个体安全素质	←	群体因素	0. 140	0. 012	11. 449	***	ee	0. 204
个体安全素质	←	环境因素	0. 246	0. 015	16. 560	***	cc	0. 342
个体安全素质	←	安全管理	0. 217	0. 013	16. 425	***	aa	0. 368
不安全行为	←	安全文化	0. 081	0. 010	8. 416	***	bb	0. 126
不安全行为	←	安全管理	0. 365	0. 017	21. 815	***	dd	0. 509
不安全行为	←	个体安全素质	0. 365	0. 017	21. 815	***	dd	0. 300
不安全行为	←	群体因素	-0. 103	0. 050	-2. 053	***	par_14	-0. 123
ISQ1	←	个体安全素质	1. 000					0. 434
ISQ2	←	个体安全素质	1. 333	0. 064	20. 991	***	g	0. 540
ISQ3	←	个体安全素质	1. 668	0. 088	18. 998	***	b	0. 663
ISQ4	←	个体安全素质	1. 668	0. 088	18. 998	***	b	0. 702
US1	←	不安全行为	1. 000					0. 477
US2	←	不安全行为	1. 333	0. 064	20. 991	***	g	0. 586
US3	←	不安全行为	1. 668	0. 088	18. 998	***	b	0. 733
US4	←	不安全行为	1. 668	0. 088	18. 998	***	b	0. 699
US5	←	不安全行为	1. 333	0. 064	20. 991	***	g	0. 523
US6	←	不安全行为	1. 180	0. 044	26. 891	***	a	0. 540
US7	←	不安全行为	1. 333	0. 064	20. 991	***	g	0. 586
GF4	←	群体因素	1. 000					0. 575
GF3	←	群体因素	1. 180	0. 044	26. 891	***	a	0. 639
GF2	←	群体因素	1. 180	0. 044	26. 891	***	a	0. 713
GF1	←	群体因素	0. 891	0. 026	34. 112	***	c	0. 531

续附表 1

路径			非标准化路径系数	S. E.	C. R.	P	Label	标准化路径系数
SM5	←	安全管理	1. 000					0. 632
SM4	←	安全管理	0. 891	0. 026	34. 112	***	c	0. 496
SM3	←	安全管理	0. 891	0. 026	34. 112	***	c	0. 588
SM2	←	安全管理	0. 891	0. 026	34. 112	***	c	0. 588
SM1	←	安全管理	0. 891	0. 026	34. 112	***	c	0. 559
EF6	←	环境因素	1. 000					0. 556
EF5	←	环境因素	1. 180	0. 044	26. 891	***	a	0. 591
EF4	←	环境因素	1. 180	0. 044	26. 891	***	a	0. 591
EF3	←	环境因素	1. 180	0. 044	26. 891	***	a	0. 591
EF2	←	环境因素	1. 180	0. 044	26. 891	***	a	0. 620
EF1	←	环境因素	1. 333	0. 064	20. 991	***	g	0. 637
SC1	←	安全文化	1. 000					0. 672
SC2	←	安全文化	0. 891	0. 026	34. 112	***	c	0. 629
SC3	←	安全文化	0. 891	0. 026	34. 112	***	c	0. 629
SC4	←	安全文化	0. 891	0. 026	34. 112	***	c	0. 599
e10	←→	e11	0. 140	0. 012	11. 449	***	ee	0. 219
e5	←→	e6	0. 140	0. 012	11. 449	***	ee	0. 219
e25	←→	e26	0. 140	0. 012	11. 449	***	ee	0. 236
e19	←→	e20	0. 140	0. 012	11. 449	***	ee	0. 236
e18	←→	e19	0. 140	0. 012	11. 449	***	ee	0. 254

附表 2　外生潜变量方差估计

外生潜变量	路径系数	S. E.	C. R.	P	Label
安全文化	0. 452	0. 023	20. 046	***	v9
环境因素	0. 246	0. 015	16. 560	***	cc
安全管理	0. 365	0. 017	21. 815	***	dd
e33	0. 081	0. 010	8. 416	***	bb
e31	0. 039	0. 008	4. 964	***	par_15

续附表 2

外生潜变量	路径系数	S. E.	C. R.	P	Label
e32	0. 081	0. 010	8. 416	***	bb
e1	0. 550	0. 011	51. 900	***	v2
e2	0. 550	0. 011	51. 900	***	v2
e3	0. 452	0. 023	20. 046	***	v9
e4	0. 365	0. 017	21. 815	***	dd
e5	0. 640	0. 015	43. 723	***	v1
e6	0. 640	0. 015	43. 723	***	v1
e7	0. 452	0. 023	20. 046	***	v9
e8	0. 550	0. 011	51. 900	***	v2
e9	0. 891	0. 026	34. 112	***	c
e10	0. 640	0. 015	43. 723	***	v1
e11	0. 640	0. 015	43. 723	***	v1
e12	0. 550	0. 011	51. 900	***	v2
e13	0. 550	0. 011	51. 900	***	v2
e14	0. 365	0. 017	21. 815	***	dd
e15	0. 550	0. 011	51. 900	***	v2
e16	0. 550	0. 011	51. 900	***	v2
e17	0. 891	0. 026	34. 112	***	c
e18	0. 550	0. 011	51. 900	***	v2
e19	0. 550	0. 011	51. 900	***	v2
e20	0. 640	0. 015	43. 723	***	v1
e21	0. 550	0. 011	51. 900	***	v2
e22	0. 640	0. 015	43. 723	***	v1
e23	0. 640	0. 015	43. 723	***	v1
e24	0. 640	0. 015	43. 723	***	v1
e25	0. 550	0. 011	51. 900	***	v2
e26	0. 640	0. 015	43. 723	***	v1
e27	0. 550	0. 011	51. 900	***	v2
e28	0. 550	0. 011	51. 900	***	v2
e29	0. 550	0. 011	51. 900	***	v2
e30	0. 640	0. 015	43. 723	***	v1

附表 3　总效应统计表

变量	环境因素	安全文化	安全管理	群体因素	个体安全素质	不安全行为
群体因素	0.000	0.217	0.550	0.000	0.000	0.000
个体安全素质	0.246	0.030	0.294	0.140	0.000	0.000
不安全行为	0.090	0.070	0.416	−0.052	0.365	0.000
SC4	0.000	0.891	0.000	0.000	0.000	0.000
SC3	0.000	0.891	0.000	0.000	0.000	0.000
SC2	0.000	0.891	0.000	0.000	0.000	0.000
SC1	0.000	1.000	0.000	0.000	0.000	0.000
EF1	1.333	0.000	0.000	0.000	0.000	0.000
EF2	1.180	0.000	0.000	0.000	0.000	0.000
EF3	1.180	0.000	0.000	0.000	0.000	0.000
EF4	1.180	0.000	0.000	0.000	0.000	0.000
EF5	1.180	0.000	0.000	0.000	0.000	0.000
EF6	1.000	0.000	0.000	0.000	0.000	0.000
SM1	0.000	0.000	0.891	0.000	0.000	0.000
SM2	0.000	0.000	0.891	0.000	0.000	0.000
SM3	0.000	0.000	0.891	0.000	0.000	0.000
SM4	0.000	0.000	0.891	0.000	0.000	0.000
SM5	0.000	0.000	1.000	0.000	0.000	0.000
GF1	0.000	0.193	0.490	0.891	0.000	0.000
GF2	0.000	0.256	0.649	1.180	0.000	0.000
GF3	0.000	0.256	0.649	1.180	0.000	0.000
GF4	0.000	0.217	0.550	1.000	0.000	0.000
US7	0.120	0.094	0.555	−0.069	0.487	1.333
US6	0.106	0.083	0.491	−0.061	0.431	1.180
US5	0.120	0.094	0.555	−0.069	0.487	1.333
US4	0.150	0.117	0.695	−0.086	0.610	1.668
US3	0.150	0.117	0.695	−0.086	0.610	1.668
US2	0.120	0.094	0.555	−0.069	0.487	1.333
US1	0.090	0.070	0.416	−0.052	0.365	1.000
ISQ4	0.411	0.051	0.490	0.233	1.668	0.000

续附表 3

变量	环境因素	安全文化	安全管理	群体因素	个体安全素质	不安全行为
ISQ3	0.411	0.051	0.490	0.233	1.668	0.000
ISQ2	0.328	0.040	0.392	0.186	1.333	0.000
ISQ1	0.246	0.030	0.294	0.140	1.000	0.000

附表 4　标准总效应统计表

变量	环境因素	安全文化	安全管理	群体因素	个体安全素质	不安全行为
群体因素	0.000	0.280	0.637	0.000	0.000	0.000
个体安全素质	0.342	0.057	0.498	0.204	0.000	0.000
不安全行为	0.103	0.109	0.580	-0.062	0.300	0.000
SC4	0.000	0.599	0.000	0.000	0.000	0.000
SC3	0.000	0.629	0.000	0.000	0.000	0.000
SC2	0.000	0.629	0.000	0.000	0.000	0.000
SC1	0.000	0.672	0.000	0.000	0.000	0.000
EF1	0.637	0.000	0.000	0.000	0.000	0.000
EF2	0.620	0.000	0.000	0.000	0.000	0.000
EF3	0.591	0.000	0.000	0.000	0.000	0.000
EF4	0.591	0.000	0.000	0.000	0.000	0.000
EF5	0.591	0.000	0.000	0.000	0.000	0.000
EF6	0.556	0.000	0.000	0.000	0.000	0.000
SM1	0.000	0.000	0.559	0.000	0.000	0.000
SM2	0.000	0.000	0.588	0.000	0.000	0.000
SM3	0.000	0.000	0.588	0.000	0.000	0.000
SM4	0.000	0.000	0.496	0.000	0.000	0.000
SM5	0.000	0.000	0.632	0.000	0.000	0.000
GF1	0.000	0.149	0.338	0.531	0.000	0.000
GF2	0.000	0.200	0.455	0.713	0.000	0.000
GF3	0.000	0.179	0.407	0.639	0.000	0.000
GF4	0.000	0.161	0.367	0.575	0.000	0.000
US7	0.060	0.064	0.340	-0.036	0.176	0.586
US6	0.055	0.059	0.313	-0.033	0.162	0.540

续附表 4

变量	环境因素	安全文化	安全管理	群体因素	个体安全素质	不安全行为
US5	0.054	0.057	0.303	-0.032	0.157	0.523
US4	0.072	0.076	0.405	-0.043	0.210	0.699
US3	0.075	0.080	0.425	-0.045	0.220	0.733
US2	0.060	0.064	0.340	-0.036	0.176	0.586
US1	0.049	0.052	0.277	-0.030	0.143	0.477
ISQ4	0.240	0.040	0.349	0.143	0.702	0.000
ISQ3	0.227	0.038	0.330	0.135	0.663	0.000
ISQ2	0.185	0.031	0.269	0.110	0.540	0.000
ISQ1	0.149	0.025	0.216	0.089	0.434	0.000

附录三：结构方程模型修正前后待估参数汇总表

附表 1　结构方程模型修正前待估参数汇总表

	par_43	par_44	par_45	par_46	par_47	par_48	par_49	par_50	par_51	par_52	par_53	par_54	par_55	par_56	par_57	par_58	par_59	par_60	par_61	par_62	par_63	par_64	par_65	par_66	par_67	par_68	par_69	par_70	par_71	par_72	par_73
par_43	0.00																														
par_44	-2.92	0.00																													
par_45	-0.63	2.45	0.00																												
par_46	9.38	11.49	9.95	0.00																											
par_47	9.27	11.56	9.90	-0.48	0.00																										
par_48	8.69	11.07	9.34	-1.18	-0.71	0.00																									
par_49	9.84	11.95	10.42	0.44	0.93	1.63	0.00																								
par_50	8.76	11.93	10.13	-0.66	-0.16	0.58	-1.12	0.00																							
par_51	8.14	10.65	8.97	-1.42	-0.96	-0.25	-1.88	-0.81	0.00																						
par_52	6.63	9.94	7.64	-3.97	-3.58	-2.85	-4.45	-3.47	-2.50	0.00																					
par_53	9.53	11.84	10.16	-0.23	0.26	0.99	-0.68	0.43	1.23	3.86	0.00																				
par_54	11.11	12.77	11.57	2.88	3.38	4.04	2.48	3.58	4.23	6.59	3.13	0.00																			
par_55	9.04	11.46	9.69	-0.91	-0.43	0.30	-1.37	-0.27	0.55	3.19	-0.68	-3.76	0.00																		
par_56	8.40	11.09	9.12	-1.94	-1.48	-0.74	-2.41	-1.35	-0.48	2.18	-1.73	-4.72	-1.04	0.00																	
par_57	9.87	12.11	10.48	0.22	0.72	1.45	-0.23	0.90	1.68	4.31	0.46	-2.71	1.15	2.19	0.00																
par_58	9.64	12.33	10.34	-0.99	-0.49	0.26	-1.46	-0.33	0.52	3.30	-0.77	-3.93	-0.05	1.05	-1.25	0.00															
par_59	10.15	12.37	10.74	0.40	0.91	1.64	-0.05	1.09	1.87	4.52	0.65	-2.57	1.34	2.41	0.18	1.44	0.00														
par_60	9.12	11.66	9.79	-1.21	-0.72	0.02	-1.67	-0.57	0.27	2.97	-1.00	-4.09	-0.29	0.78	-1.47	-0.25	-1.65	0.00													
par_61	9.79	11.82	10.33	0.46	0.95	1.66	0.02	1.13	1.88	4.43	0.70	-2.45	1.38	2.41	0.25	1.47	0.07	1.81	0.00												
par_62	10.08	12.62	10.83	-0.90	-0.39	0.38	-1.38	-0.23	0.64	3.51	-0.67	-3.89	0.06	1.19	-1.16	0.12	-1.36	0.37	-1.39	0.00											
par_63	9.29	11.96	10.00	-1.42	-0.94	-0.18	-1.90	-0.79	0.08	2.85	-1.22	-4.33	-0.50	0.60	-1.69	-0.47	-1.89	-0.21	-1.91	-0.60	0.00										
par_64	8.47	10.85	9.11	-1.83	-1.36	-0.63	-2.29	-1.23	-0.37	2.27	-1.64	-4.65	-0.94	0.11	-2.10	-0.93	-2.29	-0.67	-2.30	-1.07	-0.48	0.00									
par_65	6.83	9.51	7.53	-3.85	-3.45	-2.73	-4.33	-3.38	-2.44	0.10	-3.73	-6.47	-3.06	-2.06	-4.18	-3.16	-4.39	-2.84	-4.31	-3.36	-2.70	-2.13	0.00								
par_66	10.69	13.01	10.80	0.73	1.26	2.00	0.28	1.45	2.23	4.96	0.99	-2.29	1.70	2.80	0.52	1.82	0.34	2.03	0.26	1.74	2.27	2.68	4.82	0.00							
par_67	10.36	12.44	10.73	0.93	1.44	2.15	0.48	1.62	2.37	4.97	1.18	-2.04	1.87	2.92	0.72	1.98	0.55	2.18	0.46	1.91	2.42	2.80	4.84	0.23	0.00						
par_68	7.92	10.55	8.58	-2.39	-1.95	-1.22	-2.86	-1.83	-0.96	1.65	-2.22	-5.16	-1.54	-0.50	-2.68	-1.55	-2.88	-1.28	-2.86	-1.71	-1.10	-0.61	1.54	-3.25	-3.33	0.00					
par_69	8.63	10.70	9.15	-0.68	-0.21	0.48	-1.12	-0.06	0.72	3.21	-0.47	-3.50	0.20	1.20	-0.92	0.25	-1.09	0.48	-1.14	0.15	0.68	1.10	3.09	-1.42	-1.58	1.61	0.00				
par_70	11.29	12.91	11.72	3.08	3.57	4.23	2.67	3.77	4.42	6.77	3.34	0.19	3.98	4.95	2.91	4.13	2.76	4.29	2.64	4.08	4.52	4.84	6.65	2.48	2.22	5.30	3.65	0.00			
par_71	10.32	12.49	10.88	0.68	1.19	1.91	0.23	1.38	2.14	4.78	0.93	-2.30	1.62	2.69	0.46	1.73	0.29	1.94	0.21	1.65	2.18	2.57	4.65	-0.04	-0.26	3.11	1.35	-2.48	0.00		
par_72	10.24	12.34	10.79	0.77	1.28	2.00	0.33	1.47	2.22	4.82	1.03	-2.18	1.71	2.77	0.56	1.82	0.39	2.03	0.31	1.75	2.26	2.65	4.70	0.06	-0.15	3.17	1.43	-2.37	0.11	0.00	
par_73	10.11	12.69	10.86	-0.12	0.40	1.15	-0.58	0.58	1.38	4.13	0.13	-3.11	0.84	1.95	-0.35	0.93	-0.54	1.16	-0.60	0.83	1.39	1.82	4.02	-0.90	-1.09	2.44	0.61	-3.31	-0.83	-0.93	0.00

附表 2 结构方程模型修正后待估参数汇总表

	cc	aa	bb	dd	ee	v2	g	b	a	c	v9	v1	par_13	par_14	par_15
cc	0.000														
aa	−2.454	0.000													
bb	−10.658	−9.372	0.000												
dd	6.059	8.599	14.611	0.000											
ee	−5.160	−4.024	3.730	−10.431	0.000										
v2	16.259	19.084	31.390	8.938	28.840	0.000									
g	15.370	16.113	18.253	14.109	18.311	12.225	0.000								
b	14.812	15.319	17.041	13.915	17.151	12.709	4.761	0.000							
a	18.092	19.418	22.570	16.183	22.965	13.883	−2.722	−6.416	0.000						
c	21.738	23.692	28.344	15.781	25.786	12.087	−6.744	−8.866	−6.326	0.000					
v9	9.067	9.559	15.391	3.187	11.947	−3.823	−12.743	−12.807	−14.177	−11.595	0.000				
v1	18.381	21.335	31.727	12.161	31.337	5.116	−10.510	−11.533	−11.575	−8.291	6.873	0.000			
par_13	2.079	3.217	10.143	−4.040	5.893	−13.345	−15.092	−14.596	−17.650	−19.389	−9.005	−15.932	0.000		
par_14	−6.635	−6.044	−3.622	−7.664	−4.776	−12.972	−17.170	−17.199	−19.942	−18.949	−10.090	−14.347	−7.099	0.000	
par_15	−12.910	−11.973	−3.911	−17.267	−6.926	−37.781	−19.532	−17.843	−24.877	−31.090	−17.094	−36.084	−12.163	2.851	0.000

参考文献

[1] 山东省高等学校2015年度安全事故情况分析报告［R］.

[2] 山东省高等学校2016年度安全事故情况分析报告［R］.

[3] 2017年山东省高校安全事故分析报告［R］.

[4] 王伟，贾红果，李勇．大学生不安全行为防控与矫正研究［J］．山东科技大学学报（社会科学版），2006，18（2）：108~112.

[5] 张应杰．社会学视角下大学生猝死问题的思考［J］．宿州教育学院学报，2015，18（6）：108~109.

[6] 刘慧英．高校大学生猝死的原因与预防措施［J］．中国现代医生，2013，51（30）：140~141，144.

[7] 陆芬芳．高校校园安全管理的问题及对策研究［D］．上海：华东理工大学，2013.

[8] 禹华美．四川高校安全问题探究［D］．成都：西南交通大学，2006.

[9] 吴才智，江光荣，段文婷．我国大学生自杀现状与对策研究［J］．黑龙江高教研究，2018，36（5）：95~99.

[10] 杨宁坤，康永为．近年来我国大学生自杀心理剖析［J］．当代青年研究，2012（7）：66~70.

[11] 李艳兰．大学生自杀行为特征分析［J］．现代预防医学，2014，41（2）：263~266.

[12] 张辉，王斌，罗时，等．湖北省大学生溺水高危行为调查研究［J］．湖北体育科技，2016，35（4）：300~303.

[13] 贾水库，刘伟，满园春，等．校园安全及其特点分析［J］．安全，2015，36（3）：35~38.

[14] Gantt R. Unsafe Behavior：Rethinking the Concept［J］. Professional Safety，2017，62（5）：50~56.

[15] 皮祖训，刘何清，朱国梅．影响大学生安全因素评述［J］．湘潭师范学院学报（社会科学版），2007（6）：27~29.

[16] 梁振东，刘海滨．个体特征因素对不安全行为影响的SEM研究［J］．中国安全科学学报，2013，23（2）：27~33.

[17] Sheng T B, Zhang Y L, Wei Q Y. FTA-Based Human Unsafe Behavior Control in Coal Mine Intrinsic Safety Management［C］//Advanced Materials Research. Trans Tech Publications Ltd，2011，291：3207~3211.

[18] 梁振东．组织及环境因素对员工不安全行为影响的SEM研究［J］．中国安全科学学报，2012，22（11）：16~22.

[19] 韩豫，等．建筑工人习惯性不安全行为形成过程及其影响因素［J］．中国安全科学学报，2015，25（8）：29~35.

[20] 程恋军，仲维清．安全监管影响矿工不安全行为的机理研究［J］．中国安全科学学报，2015，25（1）：16~22.

[21] 宫运华，王镇．大学生不安全行为形成机理研究［J］．中国安全科学学报，2014，24（10）：3~7.

[22] 李梦兰，等．大学校园不安全行为风险调查分析与对策研究［J］．重庆科技学院学报（社会科学版），2017（8）：131~134.

[23] 刘伟华，等．职工不安全行为控制对策库建设及应用系统开发［J］．煤矿安全，2016，47（6）：253~256.

[24] Dongping Fang，Chen Zhao，Mengchun Zhang. A Cognitive Model of Construction Workers' Unsafe Behaviors［J］. Journal of Construction Engineering and Management，2016，142（9）：04016039. 1~04016039. 10.

[25] 张艳姿，赵文涛．企业员工不安全行为影响因素量表的初步开发［J］．中国安全生产科学技术，2011，7（12）：152~156.

[26] 马跃，傅贵，臧亚丽．企业安全文化结构及其与安全业绩关系研究［J］．中国安全科学学报，2015，25（5）：145~150.

[27] 谭汝媚．大学生安全教育探析［J］．职业时空，2008（9）：63.

[28] 陈赛群．浅谈加强大学生安全教育［J］．吉林广播电视大学学报，2011（6）：111~112.

[29] 黄希芬，等．高校学生安全事故发生状况及其影响因素的统计分析［J］．统计

学与应用，2014，3（2）：57~67.

[30] Blei D M, Ng A Y, Jordan M I. Latent dirichlet allocation [J]. Journal of machine Learning research, 2003, 3 (Jan): 993~1022.

[31] 范明，孟小峰．数据挖掘概念与技术 [M]. 3 版．北京：机械工业出版社，2012.

冶金工业出版社部分图书推荐

书　　名	作　者	定价(元)
中国冶金百科全书·安全环保卷	本书编委会	120.00
高校实验室安全基础（本科教材）	金仁东	45.00
系统安全评价与预测（本科教材）	陈宝智	20.00
安全系统工程（本科教材）	谢振华	26.00
安全评价（本科教材）	刘双跃	36.00
事故调查与分析技术（本科教材）	刘双跃	34.00
安全学原理（第2版）（本科教材）	金龙哲	39.00
防火与防爆工程（本科教材）	解立峰	38.00
燃烧与爆炸学（本科教材）	张英华	30.00
职业健康与安全工程（本科教材）	张顺堂	36.00
安全工程实践教学综合实验指导书（本科教材）	张敬东	38.00
火灾爆炸理论与预防控制技术（本科教材）	王信群	26.00
职业健康与安全工程（第2版）（本科教材）	张顺堂	49.00
城市地下综合管廊工程建设安全风险管理	张　勇	72.00
安全管理七讲	孙殿阁	96.00
安全管理基本理论与技术	常占利	46.00
重大危险源辨识与控制	吴宗之	35.00
危险评价方法及其应用	吴宗之	47.00
重大事故应急救援系统及预案导论	吴宗之	38.00
安全生产行政处罚实录	张利民	46.00
安全生产行政执法	姜　威	35.00
安全管理技术	袁昌明	46.00